Rathjen · Nähe und Distanz

Friedhelm Rathjen

Nähe und Distanz

Fünf Studien und Vorträge zu Samuel Beckett

EDITION ReJOYCE

2022

rejoyce pocket
rjp 13

Bibliografische Information der Deutschen Bibliothek:

Die Deutsche Bibliothek verzeichnet diese Publikation in der Deutschen Nationalbibliografie; detaillierte bibliografische Daten sind im Internet über <www.dnb.de> abrufbar.

EDITION ReJOYCE Südwesthörn 2022
rejoyce@gmx.de
Satz, Titelfoto und Umschlaggestaltung: Friedhelm Rathjen
Herstellung: Books on Demand GmbH, Norderstedt
ISBN 978-3-947261-38-3

Inhalt

Man muß Worte sagen, solange es welche gibt
Das Œuvre Samuel Becketts – jenseits von Joyce

Meine Damen und Herren,
ich gab meinem Vortrag den Untertitel „Das Œuvre Samuel Becketts – Gedankenstrich – jenseits von Joyce", und da ein Gedankenstrich vorzüglich in der Lage ist, die syntaktischen und sachlogischen Bezüge völlig im Unklaren zu lassen, werden Sie sich möglicherweise gefragt haben, was dieses „jenseits von Joyce" hinter dem Gedankenstrich bedeuten soll. Diese kleine Verwirrung ist durchaus beabsichtigt. „Jenseits von Joyce" kann bedeuten, daß das Gesamtwerk Samuel Becketts irgendwo weit hinter dem Joyceschen zu lokalisieren ist – was immer das auch heißen mag. „Jenseits von Joyce" kann aber auch bedeuten, daß dieser Vortrag sich mit Beckett ganz unabhängig von Joyce beschäftigen wird. Falls Sie letzteres befürchtet haben, haben Sie recht befürchtet. Ich habe den Untertitel im Sinne einer Vorsichtsmaßnahme gewählt: um etwaigen Beschwerden Ihrerseits darüber, daß Joyce nur an der Peripherie dieses Vortrags erscheint, vorzubeugen. Wer unter diesen Umständen gehen möchte, hat jetzt noch Gelegenheit dazu.

Fassen Sie es aber bitte nicht als bloßen Tribut an die Höflichkeit derer, die nun sitzenbleiben, auf, wenn ich Beschreibung des Beckettschen Kosmos mit einem Zitat aus *Finnegans Wake* einleite, aus jenem enzyklopädischen Romanunding, das alles enthält, was Joyce bis Ende der 30er Jahre vor die verschleierten Augen und zu den um so schärferen Ohren kam – wozu eben auch Beckett zählt. In

Finnegans Wake findet sich eine Stelle, die sich, wenn *Finnegans Wake* nicht unübersetzbar wäre, ungefähr folgendermaßen übersetze ließe:

> Sam weiß mir um Meilen voraus wie man das Wunder vollbringt. Und ich seh an seinem Diarhöum daß er das Gestammel aus seiner verstummten Blase läßt seit ich ihn mehr als Freund und als Bruder entband auf daß er versuche ein Stümper zu werden

Kleine Bemerkung am Rande: da ich heute deutsch rede, lasse ich der Einfachheit halber auch Beckett und auch Joyce deutsch reden; ich hoffe, Sie nehmen mir ab, daß das kein Trick ist.

Also: „Sam weiß mir um Meilen voraus wie man das Wunder vollbringt." Wenn der große Joyce Beckett scheinbar* Wunder zutraute – und sei es auch nicht ohne einen Schuß Sarkasmus –, so hatte das durchaus seine Gründe. Schon 1929 veröffentlichte der blutjunge Beckett, der damals als Lektor an der Pariser École Normale Supérieure mit Joyce bekannt geworden war, auf dessen Geheiß den blitzgescheiten Essay „Dante ... Bruno . Vico .. Joyce", und zwei Jahre später erschien der lange Essay *Proust* in Buchform. Beckett scheint von Joyce in der Tat beinahe „als Freund und als Bruder" behandelt worden zu

---

* Die zitierte *Wake*-Stelle ist jahrzehntelang von diversen Kommentatoren – auch von mir, als ich die Urfassung dieses Textes soweit des darauf aufgebauten Vortrags schrieb – unwillkürlich als Anspielung auf „Sam" Beckett gelesen worden. Erst 1992 haben Phyllis Carey und Ed Jewinski in der „Introduction" zu dem von ihnen herausgegebenen Band *Re: Joyce 'n Beckett* (New York: Fordham University Press 1992), S. xi-xvii, hier S. xvi f., darauf hingewiesen, daß Joyce die betreffende Passage schrieb und in der Zeitschrift *transition* erstpublizierte, als er Beckett noch gar nicht kannte. Die Vermutung, es handele sich um eine sarkastisch lobhudelnde Anspielung auf Samuel Beckett, den Joyce hier als Freund und Bruder grüße, wird dadurch gegenstandslos.

sein, und das heißt, daß er – wie andere auch – dem mit einem Augenleiden kämpfenden, unbeweglichen Meister unermüdlich bei der Arbeit an *Finnegans Wake* zur Hand ging. Befördert wurde das Verständnis beider Männer natürlich durch die gemeinsame irische Herkunft, und nicht wenigen Bekannten von Joyce erschien Beckett schon äußerlich als dessen verjüngtes Ebenbild. Auch in den Lebensläufen lassen sich zahlreiche Parallelen nachweisen. Beckett verließ wie Joyce früh freiwillig das enge Heimatland und landete nach mehrere Wanderjahren schließlich wieder in Paris, und wie zuvor schon Joyce kam auch Beckett erst sehr spät zum schriftstellerischen Erfolg. Im Gegensatz zu Joyce aber, der in ärmlichen Verhältnissen der katholischen Unterschicht Irlands aufwuchs, stammt Beckett aus einem wohlsituierten protestantischen Elternhaus. Hinzu kommt, daß Beckett, der zeit seines Lebens nie ein religiöses Empfinden kannte, nicht gegen den Ballast einer erdrückenden Kirche anzuschreiben hatte wie Joyce, der der Fuchtel der Jesuiten nur sehr mühsam entkam. Diese Differenz der Hintergründe erklärt vielleicht auch, warum Beckett noch drastischer mit dem Heimatland brechen konnte als Joyce. Joyce trug ein Leben lang die Haßliebe zu Irland mit sich herum und schrieb über nichts anderes als über Dublin, Beckett aber riß alle emotionalen Bindungen an die Heimat ab, und die aus finanziellen Gründen immer wieder nötigen Irlandbesuche der späten 30er Jahre machten ihn jedesmal buchstäblich körperlich krank.

Angestiftet von Joyce, betreibt Beckett schon sehr früh eigene literarische Versuche. Der direkte Einfluß der Joyceschen Schreibweise auf das Werk Becketts bleibt aber jenseits einiger weniger Juvenilia gering, und Becketts Beschäftigung mit Marcel Proust galt offenbar auch dem bewußten Versuch, ein Gegengewicht zur Vereinnahmung durch den gleichwohl weiterhin hochverehrten geistigen

Ziehvater Joyce zu schaffen. Auf dem Weg in die künstlerische Eigenständigkeit konnte es sich Beckett auch erlauben, Joycens Erzählung „Die Toten" auf den letzten Seiten des 1932 entstandenen und zu Lebzeiten unveröffentlichten Romans *Dream of Fair to Middling Woman*[*] offen zu parodieren. Während Joyce, um mit Ezra Pound zu sprechen, Sprache „bis zur Grenze des Möglichen mit Sinn geladen" hat, beginnt Beckett schon in den 30er Jahren, die Komplexität seiner Sprache zusehends zurückzunehmen. Von einer „sehr wünschenswerten Literatur des Unworts" spricht er in einem Brief von 1937, von dem „Schleier" Sprache, den es zu zerreißen gilt – „Ein Loch nach dem andern in ihr zu bohren, bis das Dahinterkauernde, sei es etwas oder nichts, durchzusickern anfängt – ich kann mir für den heutigen Schriftsteller kein höheres Ziel vorstellen". Eine Position, die weiter von der Joyceschen entfernt ist, läßt sich kaum denken; immerhin könnte die Abkehr vom Weg des Vorbilds auch das Kompliment einschließen, daß Joyce auf seinem Weg bereits das Äußerste erreicht habe.

Die Abkehr von Proust ist nicht weniger entschieden. *Dream of Fair to Middling Women* ist auch eine großangelegte Zurückweisung von dessen Vorstellungen, und Reste davon finden sich auch im 1934 veröffentlichten Erzählungsband *Mehr Prügel als Flügel*, der einige Fragmente des *Dream*-Projekts wieder aufnimmt. Eine fein nuancierte Stellungnahme zu Proust unterliegt etwa der Erzählung „Bammel": während für Prousts Erzähler das Wirken der unwillkürlichen Erinnerung „ein plötzliches, totales und köstliches Verbrennen" darstellt, empfindet Becketts Held Belacqua Shuah alle Willkür des

[*] Inzwischen ist der Roman nicht nur publiziert, sondern auch ins Deutsche übersetzt, und zwar unter dem Titel *Traum von mehr bis minder schönen Frauen.*

Geistes und insbesondere der Erinnerungstätigkeit schlichtweg als unerträglich. Für Belacqua gibt es nichts angenehmeres, als seinen Geist nach eigenem Gutdünken zu möblieren und darin leben zu können, und dieser Ausdruck des ebenso kreativen wie genügsamen Solipsismus wird zum Charakteristikum gerade schon der frühen Figuren Becketts. Sinnbild einer solchen Haltung ist in „Bammel" die wohl schon im Originaltitel „Yellow" mit angesprochene Sonne, das „Geschöpf der Gewohnheit" und „Geträpfel der Zeit", das dem Leser im ersten Satz des zwischen 1934 und 1937 entstandenen Romans *Murphy* erneut begegnet: „Die Sonne schien, da sie keine andere Wahl hatte, auf das Nichts Neues."

Dieses „Nichts Neues" wird paradigmatisch für Becketts ganzes Schaffen, dessen Grundzug es ist, daß die Dinge beim alten und die Möglichkeiten begrenzt bleiben. Gerade die Begrenztheit der Möglichkeiten erlaubt es Beckett, die Totalität des Möglichen durchzuspielen; gleichzeitig schafft er sich aber immer wieder Techniken, durch eine Verschiebung der Grundkonstellation seiner Szenarien und Redesituationen ein neues Spielfeld für diese begrenzten und gegebenen Möglichkeiten zu entwickeln. Die drastische Reduktion der Darstellungsthemen in Becketts Œuvre führt dadurch zu einer Auffächerung der Darstellungsweisen. Das zum Prinzip erhobene „Nichts Neues" des Dargestellten ist also die notwendige Voraussetzung, um dem Modus des Darstellens neue Möglichkeiten erschließen zu können.

Der Stellenwert von *Murphy* im Kontext des Gesamtwerks liegt in der Akzentverschiebung vom äußeren zum inneren Universum begründet, die der Titelheld durchzusetzen versucht. Bereits in *Mehr Prügel als Flügel* wird ständig auf die Realität des Geistes verwiesen, die in Funktion tritt, wenn die Figuren ihre Augen schließen, um zu sehen. Erst *Murphy* jedoch geht dieses Problem konsequent an und bringt mit dem belgischen Philosophen Arnold Geulincx („ubi nihil vales, ibi nihil velis") ein bestimmendes gedankliches Konzept ins Spiel. Nach Geulincx kann das denkende Individuum Unabhängigkeit nur in seinem Geist erreichen; es sollte daher seine Energie nicht auf die Beherrschung der äußere Welt (den eigenen Körper eingeschlossen) verwenden, sondern allein auf die Loslösung des Geistes von der Materie. Von Murphy heißt es zu Beginn des Romans, „erst wenn sein Körper beruhigt war, konnte er beginnen, in seinem Geist zu leben", und Murphys Gesetz geht vom Geist als einer hohlen Kugel aus, „die hermetisch vom äußeren Universum abgeschlossen war. Dies bedeutete keine Verarmung, da er nichts ausschloß, was er nicht selbst enthielt." Dieses Modell hat Beckett seither kontinuierlich weiterentwickelt. Für Murphy ist es noch nicht viel mehr als eine Legitimation des radikalen Rückzugs aus der Gesellschaft, des Rückzugs vor jeder Gesellschaft, der in die Isolation des Ich führt und im späteren Werk Becketts als Gegenbewegung dann umgekehrt wieder das Verlangen nach Gesellschaft speist.

Die Flucht aus der Welt in die Freiheit des Geistes, wie Becketts frühe Helden sie versuchen, ist weder ein originelles noch ein originäres Konzept. Aber Beckett geht eben auch weiter. Ist die Freiheit vom Außen erreicht, so bleibt als Ziel immer noch die Freiheit vom Ich, formuliert etwa in dem 1947 entstandenen, zu Lebzeiten unveröffentlichten Drama *Eleutheria*: „Zuerst war ich ein Gefangener der anderen. Dann habe ich sie verlassen. Daraufhin war ich Gefangener meiner selbst. Es war noch schlimmer. Dann habe ich mich verlassen." Die Frage ist natürlich, wie diese Freiheit des Ich vom Ich zu bewerkstelligen sei. Eine Antwort gerät erst mit der von Giordano Bruno formulierten und in *Finnegans Wake* die Sprachstruktur mitbestimmenden Identität von Gegensätzen in Sicht, deren Gültigkeit im Werk Becketts sich an zahlreichen Stellen belegen ließe. Die Freiheit vom Ich ist nur zu verwirklichen in der unaufhörlichen Beschäftigung mit dem Ich, denn die einzige objektive Kategorie dessen, was nicht Ich ist, ist die Subjektivität seiner Erfahrung durch das Ich. Einen ersten und einschneidenden Versuch der Befreiung vom Ich bringt deswegen auch der zutiefst subjektive Roman *Watt* von 1944, in dem es um nichts anderes geht als ein auf die Spitze getriebenes „persönliches System" der Weltaneignung. *Watt* ist das erste Buch Becketts, dessen sämtliche Elemente auf die Funktion reduziert werden können, Äußerung zu sein. War noch in *Mehr Prügel als Flügel* der gelegentlich persönlich auftretende und den Leser anredende Erzähler nicht viel mehr als ein gescheiter Gag, so unterliegt in *Watt* alles dem Zweck, die Redesituation des Erzählers und seiner Gewährsleute zu entwerfen. Zu dieser Strategie gehört es auch, daß alle Bedeutung des Erzählten suspendiert wird jenseits seiner Funktion, den inneren Zwang zum Erzählen zu dokumentieren: „es darf angenommen werden, daß Watt nie an solche Zwischenfälle gedacht und über sie gesprochen hätte, wenn es für ihn nicht absolut notwendig gewesen wäre, das zu tun."

Absolut notwendig war, so scheint es, auch die Niederschrift des Romans *Watt* – notwendig für den Autor Samuel Beckett. Man muß sich vorstellen, daß dieses auf den ersten Blick so formalistisch, so spielerisch und verrückt wirkende Buch mitten im Zweiten Weltkrieg entstand, den Beckett durchaus nicht als der Unbeteiligte erlebte, der er als neutraler Ire hätte sein können. Nach der Besetzung von Paris durch die deutschen Truppen hatte Beckett aktiv und offenbar nicht ganz so ineffizient, wie er später glauben machen wollte, im Widerstand gearbeitet, und zwar weniger aus Gründen politischer Überzeugung als vielmehr im Sinne einer fundamentalen Menschlichkeit, die ihn für die Sache seiner vom Faschismus persönlich bedrohten, zum Teil jüdischen Freunde eintreten ließ.

Als die Résistance-Gruppe, der Beckett angehört, aufgedeckt wird, gelingt ihm unter abenteuerlichen Umständen und buchstäblich in letzter Minute die Flucht ins unbesetzte Südfrankreich, wo er bis zur Befreiung als Landarbeiter lebt. Eben in diesen Jahren entsteht *Watt*, nicht zuletzt als Therapie. Als solche trägt das Buch unvermeidlich die Züge einer Flucht vor der Welt, aber in einem weniger unverbindlichen Sinne als *Murphy*: die Flucht ist gerade auch ein leidenschaftlicher Kommentar zur Welt. *Watt* ist eben alles andere als ein überzüchtetes Kunstgebilde. Der Rückzug aus der Welt ist kein Luxus mehr, keine intellektuelle Spitzfindigkeit, sondern ganz im Gegenteil eine fundamentale Notwendigkeit. Diese Notwendigkeit drückt gleichzeitig auch die Unmöglichkeit aus, die ins Chaos fallende Welt länger zu ertragen, und gerade deswegen ist *Watt* und sind auch Becketts Romane der Nachkriegsjahre eine nichts weniger als esoterische Stellungnahme zur Situation der Menschheit um die Mitte des 20. Jahrhunderts. Das gilt im übrigen für die moderne, die nicht mehr realistische Literatur schlechthin: das Durchbrechen der Illusionsbildung im Roman ist ja nicht nur eine dekadente Effekthascherei, sondern meint grundsätzlich das Ende der Illusion von der heilen (oder doch heilbaren) Welt, und das ist die Folge einer nicht nur geistig, sondern auch gesellschaftlich und politisch zu definierenden historischen Konstellation. Beckett ritualisiert, wenn man so will, jenes Leiden an der Welt, das dem Menschen im 20. Jahrhundert zum bestimmenden Lebensgefühl wird.

Auch das Individuum ist nicht mehr heilbar, ist brüchig, und Beckett macht sich daran, in der Brüchigkeit des Ich den Bodensatz des zerfallenden Kosmos nachzuweisen.

Das eigentliche Handicap des Romans *Watt* ist darum auch nicht der Bruch mit der Welt, der hier nichts anderes spiegelt als den Zusammenbruch der Welt, sondern im Gegenteil die letzte Scheu vor dem nötigen Blick in den Spiegel, mit dem jede Konfrontation mit der Realität beginnt. Trotz des persönlichen Systems des ganzen Textes bleibt in *Watt* eines immer noch ausgespart: die direkte Selbstbespiegelung des beschreibenden Subjekts. Der Erzähler spricht nicht von sich, sondern von Watt, und der wiederum vor allem von Mr. Knott. Deswegen gilt auch noch für *Watt* der Satz, der am Ende von *Mercier und Camier* fällt: „Im Grunde, sagte Camier, haben wir über alles miteinander gesprochen, außer über uns.“ *Mercier und Camier*, 1946/47 als erster Roman Becketts auf französisch geschrieben, ist gleichzeitig für lange Zeit seine letzte Prosa in der Er-Form. Mit dem Ich-Erzähler der im Nachkriegsjahr ebenfalls in der für Beckett neuen Sprache geschriebenen Erzählungen „Suite“ (später „Das Ende“), „Der Ausgestoßene“, „Erste Liebe“ und „Das Beruhigungsmittel“ hat sich die zum Ziel gesetzte Vergegenwärtigung des Ich die erste ihrer grammatischen Voraussetzungen geschaffen, und mit dem Roman *Molloy* (1947/48) ist auch die zweite erreicht: das Präsens nämlich. Als „reife Prosa“ hat der gemeinhin eher selbstkritische Beckett seine Romantrilogie *Molloy / Malone stirbt / Der Namenlose* bezeichnet, deren Grundkonzept die Erfassung der Gegenwart im monologisierenden Erzählerbewußtsein ist, wie es erstmals Édouard Dujardin, ein Beckett sicherlich wohlbekannter persönlicher Favorit von Joyce, 1887 in *Die Lorbeerbäume sind geschnitten* angewandt hat. Dujardins Basis ist die Vorstellung Johann Gottlieb Fichtes, nach der die Selbstsetzung des Ich in der Gegenübersetzung zum Nicht-Ich erfolge. Aus dieser Opposition, dieser Konfrontation des Ich mit dem Nicht-Ich entsteht nach Fichte Bewußtsein, das sich in seiner

Produktivität begreift. Fichte schreibt: „In aller Wahrnehmung nimmst du lediglich deinen eigenen Zustand wahr." Genau das ist die Situation der Erzähler in Becketts Trilogie, deren Selbsterfahrung von der Wahrnehmung und Aneignung der Außenwelt ausgeht, also von der eigenen Situierung im Nicht-Ich: „Ich bin im Zimmer meiner Mutter", heißt der erste Satz von *Molloy*.

Es war die Rede davon, daß nur die Beschäftigung mit dem Ich die ersehnte Freiheit vom Ich ermöglichen könne. Dieses in die Praxis der Trilogie umgesetzte Paradoxon erläutert Beckett im „Ausgestoßenen" so:

> Sie bringen einen um, die Erinnerungen. Man soll also nicht an gewisse Dinge denken, an die Dinge, die einem am Herzen liegen, oder vielmehr, man soll doch daran denken, denn wenn man nicht daran denkt, riskiert man, sie nach und nach in seinem Gedächtnis wiederzufinden.

Hier findet sich nicht nur die konsequente Weiterführung und Umkehrug des Proustschen Erinnerungskonzeptes, sondern gleichzeitig die direkte Umsetzung einer zutiefst persönlichen Erfahrung des Autors, wenn man Deirdre Bairs Biographie *Samuel Beckett* folgen darf. Eines Nachts während eines Irlandaufenthalts im März 1946 wird Beckett, inzwischen fast vierzig Jahre alt und durch alle Stadien physischer und psychischer Frustration gegangen, auf geradezu visionäre Weise klar, daß er die Abgründe seines Innern nicht zurückdrängen dürfe, sondern sie sich als Quelle des zukünftigen künstlerischen Schaffens zunutze machen müsse. (Als „denkwürdiges Äquinoktium" erscheint jene Nacht später bruchstückhaft in dem Einakter *Das letzte Band.*) Die Abgründe seines Innern: das sind zunächst die aus einer fundamentalen Einsamkeitserfahrung in der wohlbehüteten, von der strengen Mutter dominierten Kindheit hervorgegangene überspannte

Gleichgültigkeit und Fremdheit der Welt gegenüber. Hinzu kommen die Erleidenheiten von fünfzehn in jeder Hinsicht niederschmetternden Lebensjahren. Nach dem Ende des ersten Lehrauftrags in Paris übernimmt Beckett im Herbst 1930 eine öde Stelle als Lektor am Dubliner Trinity College, der er nach kaum mehr als einem Jahr entflieht – gegen den Willen der Mutter, aber immerhin unter Zusicherung finanzieller Unterstützung durch den Vater. Es beginnen Becketts ziellose Wanderjahre, die ihn zunächst nach London und später auf ausgedehnten Reisen durch Deutschland führen, bis er im Herbst des Jahres 1937 endgültig in Paris bleibt. Schon 1933 aber stirbt der Vater, und Beckett bleibt auf die Mutter angewiesen, die ihn noch immer zügeln und in den Kreis von Familie, Gesellschaft und Vaterland zurückholen zu können glaubt. Hier findet sich die Wurzel für die starke Rolle der Mutterfigur im späteren Werk.

Beckett lebt jahrzehntelang unter desolaten wirtschaftlichen Bedingungen, da er mit der Schriftstellerei und auch dem Journalismus nur bescheidene Einkünfte erzielt. Er wird von depressiven und psychosomatischen Leiden, von künstlerischen Blockaden und auch von unsteten und unglücklichen Frauenbekanntschaften gebeutelt und schließlich im Januar 1938 durch den Messerstich eines Zuhälters lebensgefährlich verletzt. Das universelle Trauma des Krieges, dem viele seiner engsten Freunde zum Opfer fallen, ist also nur der Höhepunkt im Prozeß einer fortwährenden psychischen Zerrüttung.

Erst mit der Niederschrift der Nachkriegsprosa gelingt es ihm schließlich, sich den angesammelten Ballast von der Seele zu schreiben und seiner selbst wieder Herr zu werden. Das monologisierende Ich der Trilogie steht also nicht nur abstrakt für die Selbstkonfrontation des Erzählerbewußtseins, es steht auch ganz konkret für die rückhaltlose Konfrontation des Autors Samuel Beckett mit der eigenen Person. Zusätzlich verschiebt sich die Qualität dieser Selbstbespiegelung unmerklich von Roman zu Roman. In *Molloy* gilt sie noch vor allem der Klärung jener Relation des Ich zum Nicht-Ich der Außenwelt im Sinne Fichtes; ihr Modus ist die Aufzeichnung der äußeren Wahrnehmung, die mit der Lüge endet („Dann ging ich in das Haus zurück und schrieb ‚Es ist Mitternacht. Der Regen peitscht gegen die Scheiben.' Es war nicht Mitternacht. Es regnete nicht.") *Malone stirbt* dagegen umkreist gerade diese kreative Lüge, das Erfinden von Geschichten, dessen Modus der Ausdruck des Innen ist; ihre äußerste Grenze ist die Erschöpfung, das Ausgeschöpftsein des Auszudrückenden („meine Notizen neigen, wie ich endlich begriffen habe, leider dazu, alles, was sie sozusagen betreffen sollen, verschwinden zu lassen"). Ist beides, sowohl die Perzeption des Außen wie die Expression des Innen, bewältigt, so bleibt als einziges die abstrahierende Selbstreflexion: die Bedingungen von Wahrnehmen und Ausdrücken geraten in den Blick, sobald beides nur noch im hermetischen Zirkelschluß möglich ist. Diesen Grad an Reflexivität erreicht Beckett im *Namenlosen* („ich sage, was ich höre, ich höre, was ich sage"), und in diesem abschließenden Roman der Trilogie gewinnt das künstlerische Ich damit erneut eine zusätzliche Dimension. Aus der mit *Molloy* begonnenen Selbstbespiegelung des Autors als Person erwächst die Selbstbespiegelung des Autors als Künstler. Thema der Kunst Becketts ist fortan nichts anderes mehr als künstlerisches Schaffen selber. Erkämpft hat sich Beckett dieses Thema freilich um den Preis des Stoffes: mit dem Abschluß der Romantrilogie sind die Abgründe der eigenen Biographie als Quelle bis auf weiteres erschöpft. Die Fertigstellung des *Namenlosen* im Jahre 1950 stürzt Beckett in eine am Schluß des Romans paradigmatisch benannte Krise („man muß weitermachen, ich kann nicht weitermachen, man muß weitermachen, ich werde also weitermachen"), die ihn ein Jahrzehnt lang keine Prosa mehr zu Ende führen läßt.

Beckett kennzeichnet nicht zuletzt die verfahrene Lage seiner eigenen Kunst, wenn er 1949 in dem ersten seiner „Drei Dialoge" zu Malerei sagt, „daß da nichts ist auszudrücken, nichts womit auszudrücken, nichts woher auszudrücken, keine Kraft auszudrücken, kein Verlangen auszudrücken, zusammen mit dem Zwang, auszudrücken." In seinen Essays zur modernen Malerei weist Beckett aber auch immer wieder darauf hin, daß gerade das Scheitern Inbegriff künstlerischen Schaffens und selbst das Fehlen eines Anlasses, auszudrücken, dazu bestimmt sei, Anlaß von Ausdruck zu werden. Mitte der 60er Jahre faßt er diese Perspektive in einer lyrisch dichten Hommage an den israelischen Künstler Avigdor Arikha zusammen:

> Wieder auf dem Sprung gegenüber dem unbezwinglichen Außen. Auge und Hand fiebernd nach dem Nicht-Selbst. Durch die von ihm unablässig veränderte Hand unablässig verändertes Auge. Zum Nicht-zu-Sehenden und Nicht-zu-Schaffenden vor- und zurückstoßender Blick. Ruhe im Hin- und Her und Spuren dessen, was es heißt, zu sein und gegenüber zu sein. Tiefe wunde Spuren.

Hier findet sich die Vorstellung vom künstlerischen Scheitern ganz deutlich mit Fichtes Modell der Selbstsetzung des Ich in der Konfrontation mit dem Nicht-Ich verknüpft, und das heißt: das künstlerische Subjekt produziert und emanzipiert sich gerade erst in jener Opposition zum auszudrückenden Objekt, die als Zerreißen der Subjekt-Objekt-Beziehung Scheitern bedeutet; ein Nicht-Scheitern könnte für den Künstler nur heißen, die Identität gegenüber dem Objekt einzubüßen. Eine unablässige Intensivierung des Scheiterns wird zum Inbegriff künstlerischer Radikalisierung.

Künstlerisches Schaffen ist somit nur noch möglich in der Negation, das heißt als Ausdruck des Entgleitens eines jeden auszudrückenden Objektes. Es ist dies eine Position, die gerade zu Beginn der 50er Jahre in einer neuen Literatur weithin geteilt werden kann, in einer Literatur, die unter dem Eindruck der Kriegskatastrophe einerseits und dem Eindruck der bis auf weiteres unüberbietbaren Großkunstwerke von Joyce und Proust andererseits unbegangene Wege sucht. Aus einem vergleichbaren Blickwinkel heraus wird nicht nur das Theater des Absurden geboren, dem Becketts frühe Dramatik gemeinhin zugerechnet wird, sondern auch der Nouveau Roman. Was Beckett von diesen Ausdrucksweisen abhebt, ist vor allem sein Beharren auf dem Weiterdenken, das vielleicht auch eine Ursache ist dafür, daß ihm gerade in der Blütezeit des neuen französischen Romans keine Prosa glückt. Wo anderen Künstlern die Umkehrung einer überkommenen Schreibweise, eines atavistischen Dogmas allzu schnell zum neuen Dogma erstarrt, hört Beckett nie auf, jede neugewonnene Position auch wieder in Frage zu stellen, bevor sie sich absolut setzen kann. Alles wird zurückgenommen bei Beckett, selbst noch die Zurücknahme, und die nachdrückliche Ernsthaftigkeit, mit der er dieses Prinzip vorantreibt, läßt seine Prosa seit *Wie es ist* (1959/60) dem Nouveau Roman weit vorauseilen. Während die Romane der Beckettschen Trilogie in der europäischen und amerikanischen Literatur der Postmoderne nicht ohne Folgen blieben, ist Becketts späte Prosa tatsächlich eine bislang nahezu singuläre Erscheinung, der allenfalls noch einige Arbeiten des Franko-Schweizers Robert Pinget zur Seite zu stellen sind.

Becketts Prinzip künstlerischer Erkenntnis ist spätestens von *Wie es ist* an die Falsifikation, das Leitmotiv dieses

Textes heißt „da ist etwas das nicht stimmt“, und das Ziel des dem Künstler zwanghaften Schaffens reduziert sich darauf, immer wieder neu ein produktives Ende zu finden. *Wie es ist* ist aber auch ein Schnittpunkt in Becketts Werk: in die wiedergefundene Prosa fließt eine Raumbezogenheit ein, eine metaphorische Geometrie, die Beckett zuvor in der Dramatik entwickelt. Schon 1937 ist ein erstes dramatisches Fragment *Human Wishes* entstanden, und nach dem zu Lebzeiten zurückgehaltenen *Eleutheria* schreibt Beckett 1948 jenes merkwürdige Theaterstück, das seinen Ruhm begründet: *Warten auf Godot*. Die Funktion dieses Stückes für das Gesamtwerk dürfte neben der Erprobung stringenterer formaler Strukturen vor allem in der Programmatik des „Nichts zu machen“ zu sehen sein, das freilich schon im *Dream of Fair to Middling Women* wiederholt benannt wird. Folgenreicher für das spätere Schaffen ist das zwischen 1954 und 1956 geschriebene *Endspiel*, mit dem es Beckett erstmals – wenn auch unauffällig – gelingt, die objektivierende Bühne zum Schauplatz des Bewußtseins zu machen: das Innere des Schädels ist als Raum präsent mit zwei Fenstern, die die Verbindung zum Außen halten.

Brachte *Der Namenlose* die Krise der zur vorläufigen Erfüllung gelangten Prosa, so folgt auf das *Endspiel* eine freilich nicht ganz so extreme Krise der Beckettschen Dramatik, wie auch am Ausweichen des Autors auf die eigengesetzlichen Spielformen der Pantomime, des Hörspiels, des Kino- und Fernsehfilms abzulesen ist. Das Bühnenbild *Atem* von 1969 ist als endgültige Reduktionsform zwar genial, für die Frage der Weiterführung des Werks aber ebenso fatal. Eine Umsetzung dessen, was Beckett im *Endspiel* erreicht hat, findet aber auch nicht primär in der Dramatik statt, sondern in der Prosa der 60er Jahre. Über die Fenster-/Auge-Analogie, die dem kurzen Text „Alte Erde, genug gelogen“ unterlegt ist, findet der

Raum Eingang in „ausgeträumt träumen“ (1965), den Schlüsseltext des Beckettschen Spätwerks, dessen Entstehung sich über die Vorformen „All Strange Away“ und „Falsch anfangen“ anschaulich nachvollziehen läßt. Dort wird noch einmal Bezug genommen auf die Nachkriegsprosa der Trilogie: „Zur Tür hinaus und die Straße hinab [...] wie nach dem Krieg, nein, nicht schon wieder.“ Die wiedererstarkende Prosa geht von jener kreativen Blockade aus, die am Ende des *Namenlosen* stand, und setzt einen (ebenfalls im *Namenlosen* keimenden) irrationalen Zwang des „Trotzdem“ dagegen: „Keine Phantasie mehr, das muß man sich vorstellen“. Wo „nichts zu machen“ ist, keine Fabel mehr möglich, beginnt das kreative Ich ganz von vorne: indem es sich einen Raum schafft und dann eine reglose Gestalt, zwei reglose Gestalten in diesem Raum. Das ist der Rückzug auf das Allertrivialste, aber gleichzeitig auch der Vorstoß zum Kern aller Kreativität. Hier werden Bewußtseinsmechanismen bloßgelegt. Der vom Außen zurückgekehrte Blick richtet sich nun in das Innere des leeren, des entleerten Schädels (der leer ist, weil das Bewußtsein schließlich, dem Vorsatz gemäß, das Ich verlassen hat), er nimmt wahr, wie sich dort aus dem Nichts etwas Neues zu bilden beginnt, und er zeichnet es auf. Der Modus der späten Beckettschen Prosa ist nicht mehr der Modus der Wahrnehmung des Außen und auch nicht jener des Ausdrucks des Innen. Es ist der Modus der Vorstellung per se, der Vorstellung von Vorstellung („Erträumter Erträumer, das alles erträumend“, heißt es in *Gesellschaft*, und genau dieses Bild setzt Beckett 1982 in seinem letzten Fernsehspiel *Nacht und Träume* dramatisch um). Wahrnehmung und Ausdruck fallen in eins: Wahrnehmung ist Wahrnehmung des Ausdrückens, Ausdruck ist Ausdruck des Wahrnehmens. Es entsteht ein in sich selbst zurückgebogenes Schachtelprinzip ähnlich dem in *Warten auf Godot* zitierten Lied vom Hund, der in die

Küche kam und dem Hund ein Ei stahl. Beckett hat damit den äußersten Grad an metaphorischer Reflexivität und Abstraktion erreicht, der ihm möglich ist. Der Raum der Prosa wie auch der Dramatik ist fortan nur noch der der Imagination.

Nach und nach schält sich dann aus diesen abstrakten Texten aber doch wieder eine Auffüllung, eine stoffliche Konkretisierung heraus, die sich Raum schafft in einem dem gesamten Spätwerk zugrundeliegenden metaphorischen Modell des Imaginationsprozesses. Dieses Modell geht von jenen surrealen Stimmen aus, die bereits im lyrischen Werk der späten 30er Jahre als „die alten Stimmen / von jenseits des Grabes“ greifbar sind und von denen „man“ im Hörspiel *Cascando* gegen den Widerstand des Wahrnehmenden sagt: „Das ist von ihm, das ist seine Stimme, das ist in seinem Kopf.“ Das kreative Bewußtsein unterliegt nicht nur dem Zwang, diese nie auf immer verstummenden Stimmen zu erdulden, sondern auch jenem anderen, das Gehörte auszusprechen. In seinen Hör- und Schauspielen arbeitet Beckett zumeist mit der Figur eines Animators (*Hörspiel-Skizze II*), eines Vernehmers (*Nicht ich*) oder auch mit technischen Hilfsmitteln wie dem fordernden Scheinwerferlicht im *Spiel*, um das Zwanghafte des Sprechens zur Darstellung zu bringen.

Mit dem Ausgesprochensein, dem Gesagtsein wird das Material der Imagination aus dem Bewußtsein ausgelagert; es objektiviert und materialisiert sich in Form von Bildern. Auch das eigentümlich an- und abschwellende Licht ohne erkennbare Quelle in zahlreichen Prosatexten ist als Visualisierung des Sprechaktes zu begreifen. Der eigentliche Imaginationsakt findet statt, wenn diese vom Bewußtsein im Sagen erzeugte Vision gesehen und wahrgenommen, für wahr genommen wird. In Becketts Spätwerk mehren sich die minutiösen Beschreibungen eines starrenden Auges, und diese Beschreibungen sind wieder ein Versuch, dem Kern der Imaginationstätigkeit auch konkretisierend näherzukommen. Mit dem Sehen des Gesagten entsteht erneut ein Beckettscher Zirkelschluß, der als repetitiver Akt die ständige und ausschließliche Wahrnehmung der verbalisierten Vision bedeutet: „Alles, was man zum Sagen wissen muß, weiß man“ und „Es gibt nur das, was gesagt wird“, so steht es in „Auswegloser Ort“ von 1968. Und gerade dieser Zirkelschluß der Imagination ist nicht nur eine ästhetische Spielerei, sondern eine tiefbeunruhigende Aussage über das Erkenntnisvermögen des Menschen schlechthin. Es gibt keine Wahrheit, so zeigt uns Beckett, es gibt kein Rechthaben – was es gibt, ist immer nur ein Sichzurechtlegen.

Erst die äußerste Reduktion der Welt auf den Kreationsakt der Imagination öffnet Beckett einen Weg, wieder zu jener Fabel zurückzukehren, als die *Gesellschaft* (1979) schon im Untertitel bezeichnet ist. Möglich sind die Fabeln der letzten Jahre aber nur noch als Fabeln im Kopf, in dem sie Raum finden, weil er sich der Verstrickung mit dem Außen entledigt hat. Der Schädel ist „Schauplatz und Erschauer von allem“, wie es in Becketts später Prosa *Aufs Schlimmste zu* von 1983 heißt, und damit wohnt dem Werk natürlich auch ein selbstgeneratives Element inne, wie es Beckett bereits 1969 in „Losigkeit“ in formaler Hinsicht konsequent durchspielt. „Losigkeit“ beruht auf dem kompositorischen Verfahren, einen relativ kleinen, endlichen Wortvorrat nach einem a priori festgelegten Kombinationsschema zu permutieren. Nicht erst in dieser radikalen Konsequenz liegt die Gefahr einer gewissen Willkürlichkeit der Texte begründet, der Beckett hinsichtlich des Stoffes dadurch zu begegnen sucht, daß er in vielen der nach „Losigkeit“ entstandenen Arbeiten seine eigenen, persönlichen Kindheitserinnerungen verarbeitet. Die darauf beruhende Unzufälligkeit des Stoffes ist natürlich nur für den Autor selbst gegeben, wenngleich der eifrige Beckett-Spezialist sie mit Hilfe der biographischen Sekundärliteratur wenigstens zum Teil rekonstruieren kann. Für den Leser wird die mögliche Willkür aber durch die nie zufällige Wahl des Anfangs und des Endes eines jeden Textes beschnitten: der Ausgangspunkt wird gesetzt, der Endpunkt stets mit guten Gründen gewählt, und nur dazwischen sucht sich der Text einen eigenen Weg, der Wiederholungen und Widersprüche nicht scheut. Das heißt im Grunde auch, daß in Becketts Arbeiten nur immer die abschließenden Sätze als verbindlich zu gelten haben, da die vorausgehenden einer fortlaufenden Aufhebung unterliegen.

Da zudem der Abschluß einer Arbeit immer nur ein vorläufiger ist, insofern er nämlich häufig genug in modifizierter Form zum Ausgangspunkt für eine spätere wird, kann auch er keine endgültige Verbindlichkeit beanspruchen. Jedes neue Werk Becketts evoziert auch eine neue Perspektive, aus der heraus sein Œuvre rückschauend neu zu überdenken ist. Die letzten greifbaren Sätze Becketts waren für längere Zeit – und auch noch vor vier Jahren, als ich die ursprüngliche Fassung dieser Werkschau schrieb – diejenigen, mit denen das Bühnenstück *Was Wo* endet:

> Ich bin allein.
> Im Präsens, als ob ich noch wäre.
> Es ist Winter.
> Ohne Reise.
> Die Zeit vergeht.
> Das ist alles.
> Verstehe, wer kann.
> Ich mach' aus.

Derartige Wendungen hören sich natürlich immer sehr nach Schwanengesang an, doch ein erneuter Blick ins Œuvre Becketts belegt oft schnell, daß auch solche Sätze allenfalls ein vorläufiges Ende bedeuten müssen: schon im fünften der *Texte um Nichts* von 1952 steht der Ausruf „das verstehe, wer kann, ich bin dafür nicht zuständig". Becketts Gesamtwerk, so sehr es auch Endzeiten evoziert, ist aus seiner inneren Dynamik der Vergeblichkeit heraus ein prinzipiell unabschließbares – „man muß Worte sagen, solange es welche gibt", heißt es kurz vor dem Ende des *Namenlosen*, und es scheint, daß selbst *nach* dem Ausbleiben der Wörter die Notwendigkeit des Unmöglichen nicht nachläßt: das Nichts wird „Gesagt nirgendwie weiter", und dies ist die Wendung, mit der Becketts Prosa *Aufs Schlimmste zu* von 1981 schließt. Auf *Aufs Schlimmste zu* ließ Beckett nur noch einen Prosatext folgen, *Stirrings Still*, und auch den Stoßseufzer am Ende dieses Textes will ich Ihnen nicht vorenthalten: „Oh all to end."

Zu enden versucht hier nicht nur das Werk Becketts, der starb, nachdem er gerade noch *Stirrings Still* ins Französische übersetzen konnte; zu beenden wäre hier auch mein Vortrag. Allerdings scheint mir, daß ein Beckett-Vortrag an einem Ort, der über allem Joyce verpflichtet ist, vielleicht doch nicht enden sollte ohne einige Bemerkungen zur Rolle, die Joyce in Bezug auf Becketts Werk spielt. Sehr ansatzweise habe ich dazu schon ein bißchen was einfließen lassen; ich möchte aber jetzt zum Schluß und ganz ohne elegante Überleitung doch noch ein paar Dinge anhängen – auch als Dank dafür, daß Sie vorhin meiner Aufforderung zum Verlassen des Saals nicht gefolgt sind.

Joyce *hat* Beckett beeinflußt, das scheint ziemlich klar; ich möchte aber einmal eine Gegenfrage stellen: wie stark hat Beckett Joyce beeinflußt? Das soll kein Paradoxon sein; Beckett ist zwar jünger als Joyce, aber nicht soviel, daß er nicht in Joycens Werk hätte hineinwirken können. Er könnte immerhin vorkommen in diesem Werk, genauer: in *Finnegans Wake*; zu Beginn hörten wir eine der einschlägig verdächtigten Stellen schon zitiert: „Sam knows miles bettern me how to work the miracle." Auf Seite 467 von *Finnegans Wake* steht das; zwei Seiten zuvor finden wir in dem Wort „swansway“ wohl nicht zufällig einen Bezug auf Marcel Proust, den Gegenstand von Becketts erster Buchveröffentlichung; und eine Seite weiter in *Finnegans Wake* steht der Satz: „In the beginning was the gest“. Das ist ein Zitat von Marcel Jousse, dessen Name merkwürdigerweise klingt wie eine Kombination aus Joyce und Proust; das ist aber vielleicht im Zusammenhang dieser Passage ein wenig auch ein Beckett-Zitat, denn in Becketts Roman *Murphy* steht der Satz: „In the beginning was the pun“ – „Im Anfang war der Kalauer“. Dieser erste Roman Becketts hat Joyce gleich nach seinem Erscheinen so gut gefallen, daß er bald eine Szene daraus auswendig kannte: jene, in der die Asche des toten Murphy auf dem Fußboden eines Pub verstreut wird.

Geben wir es dennoch auf, weiter nach dem Beckettsche Einfluß auf Joyce zu forschen; wo finden wir nun umgekehrt den Einfluß von Joyce auf Beckett? Ich erwähnte vorhin, daß Beckett in *Dream of Fair to Middling Women* seinen Ziehvater Joyce parodiert habe; die Parodie finden wir auch noch in der Erzählung „Ein feuchter Abend“ des Bandes *Mehr Prügel als Flügel*. Hören Sie sich das einmal an und entscheiden Sie für sich selbst, ob das Einfluß ist. Erinnern Sie sich kurz an das Ende der Joyceschen Erzählung „Die Toten“:

> Ja, die Zeitungen hatten recht: Schneefall in ganz Irland. Schnee fiel überall auf die dunkle Zentralebene, auf die baumlosen Hügel, fiel sacht auf den Bog of Allen, und, weiter gen Westen, fiel er sacht in die dunklen aufrührerischen Wellen des Shannon.

Und nun Samuel Beckett, „Ein feuchter Abend“, nicht in Christian Enzensbergers zur Albernheit neigender Übersetzung, sondern in einer Fassung, für die ich selbst verantwortlich bin:

> Doch der Wind hatte sich gelegt [...], und der Regen fiel in gleichförmiger und gleichmäßiger Weise. Er fiel auf die Bucht, den Küstenstreifen, die Berge und die Ebenen, und namentlich auf den Central Bog fiel er in einer ziemlich trostlosen Gleichförmigkeit.

Was meinen Sie: ist das, womit wir es hier zu tun haben, Einfluß? Denken Sie ruhig auch noch hinzu, daß Beckett auf der selben Seite seiner Erzählung das Wort „Epiphanie" fallen läßt. Ist das Einfluß?

Nehmen wir einen anderen Fall. Im *Ulysses* bedenkt Leopold Bloom die Frage, wie weit wohl der Realismus in der Darstellung nackter Göttinnen im Museum geht:

> Wohlgestaltete Göttinnen, Venus, Juno: Kurven, die die Welt bewundert. Sehe sie vor mir, Bibliothek, Museum, wie sie da in der runden Halle stehen, nackte Gottheiten. Gut für die Verdauung. Ihnen ist das egal, was für ein Mann sie ansieht. Alles zu sehn. [...] Saufen Nektar beim Göttermahl [...]. Unsterblich schön. Und wir stopfen Futter in ein Loch und 's hinten wieder raus: Nahrung, Speisesaft, Blut, Kot, Erde, Nahrung: müssens uns reinfüttern wie Kohlen in eine Lokomotive. Die aber haben gar kein. Nie nachgesehn. Ich werds mal heute. Der Wärter merkts wohl kaum. Bück mich, laß irgendwas fallen, seh nach, ob sie.

Der Aufruhr, den Bloom durch dezentes Vorgehen vermeidet, bleibt einer Figur des Beckettschen *Murphy*-Romans in einer ähnlichen Situation nicht erspart:

> In Dublin wurde Neary [...] von einem seiner ehemaligen Schüler namens Wylie im Hauptpostamt erkannt, als er das Standbild Cuchulains von hinten betrachtete. Neary war barhäuptig, als ob die heilige Stätte ihm imponierte. Plötzlich warf er seinen Hut weg, machte einen Satz nach vorn, faßte den sterbenden Helden bei

> den Oberschenkeln und begann mit dem Kopf gegen die Hinterbacken tale quale zu hämmern.

Ich breche das Zitat hier ab und frage erneut: ist das Einfluß?

Und nehmen wir noch einen weiteren Fall hinzu, diesmal aus Becketts spätem Bühnenwerk. In *Ohio Impromptu* sitzen zwei Figuren an einem Tisch: ein „Hörer“ und ein „Leser“. Die Bekleidung beider Figuren sieht aus wie die, die Joyce auf einem bekannten Foto aus seiner ganz frühen Pariser Zeit trägt: „Langer schwarzer Mantel“, „Schwarzer, breitkrempiger Hut“. Der Leser liest aus einem Buch vor, der Hörer unterbricht ihn wiederholt durch „Klopfen“. Scharfsinnige Exegeten haben darin Nachklänge auf die Niederschrift von *Finnegans Wake* erkennen wollen: Joyce diktierte angeblich Beckett Teile des Buches, und es gibt dazu auch eine Anekdote, in deren Mittelpunkt ein von Beckett überhörtes Klopfen – nämlich an der Tür – steht. Gesetzt den Fall, diese Bezüge hätten sich die scharfsinnigen Exegeten nicht nur eingebildet: wäre das dann ein Fall von Einfluß?

Mir will scheinen, etwaige Joyce-Bezüge punktueller Natur in Becketts Werk wären mit dem Begriff „Einfluß“ völlig falsch bezeichnet. Einfluß funktioniert ja nicht so, daß einer einen fremden Text aufschlägt und daraus etwas abschreibt, ob nun verändert oder unverändert. Wenn ich mich im Zürcher Hauptbahnhof vor den Fahrplan stelle und mir ein paar Abfahrtszeiten in meine Schreibkladde notiere, so steht diese Kladde deswegen nicht unter dem Einfluß der Fahrplantafel. Meine Notizen zeigen dem Exegeten, den es hoffentlich niemals geben wird, nur, daß ich den Fahrplan zur Kenntnis genommen habe. Ganz analog dazu verraten die wenigen eindeutigen Joyce-Splitter im Werk von Beckett im Grunde nur eins: daß Beckett Joyce kannte. Das wußten wir allerdings ohnehin schon. Oder können wir vielleicht doch noch etwas genauer interpretieren? Meine Fahrplannotizen legen immerhin den Schluß nahe, daß ich mich irgendwann auf dem Bahnsteig befunden habe, wo ich sie ja notierte; Becketts Joyce-Anspielungen verweisen dann also auf die Plattform, von der aus er auf Reisen ging. Wohlgemerkt: Beckett hatte nicht nur eine Bahnsteigkarte; er hat sich tatsächlich auf die Reise gemacht; der Bahnsteig ist zum Sprungbrett geworden, die Plattform wurde überbaut von ganz eigenen sprachlichen Kunstgebilden.

Der Einfluß von Joyce äußert sich weniger in vorhandenen als vielmehr in fehlenden Spuren: in der Aussparung, die, wie ich glaube, sehr bewußt betrieben wurde. Beckett war – wie Joyce, wenn auch auf ganz andere Weise – ein Perfektionist im Gebrauch von Sprache. Der französisch-amerikanische Literaturwissenschaftler und Schriftsteller Raymond Federman weiß zu berichten, Beckett habe ständig Bücher durchstöbert auf der Suche nach einzelnen besonders gelungenen Sätzen, die er in eigene Arbeiten einbauen oder von denen er sich gar zu eigenen Arbeiten anregen lassen konnte. Becketts Werk steckt infolgedessen voller verschleierter Zitate; wenn stimmt, was Federman berichtet, so hat der mittlere und späte Beckett wohl nur einen Autor von Weltrang zu zitieren vermieden: das war Joyce.

Beckett hat Joyce ausgespart und ist einen in mancher Hinsicht genau entgegengesetzten Weg gegangen – und der entscheidende Grund dafür scheint mir dieser zu sein: Beckett hat zuviel von Joyce gewußt und dessen Werk zu gut verstanden; er hätte es womöglich nacheifernd kopieren können, aber um etwas eigenes zu schaffen, mußte er Dinge tun, die Joyce gerade noch nicht getan hatte. In dieser Hinsicht scheint mir Becketts Reaktion auf Joyce genau das Gegenteil zu sein von der Art und Weise, wie beispielsweise ein Arno Schmidt auf Joyce reagierte.

Arno Schmidt hatte, als er Joyce sehr spät zu lesen bekam, arg zu schlucken; auch er mußte sich in seiner Eigenständigkeit bedroht fühlen. Schmidt aber brachte bei aller oberflächlichen Ähnlichkeit mit Joyce ganz andere Voraussetzungen mit; er hat Joyce viel schlechter verstanden als Beckett und konnte daher etwas Neues daraus machen. Daß Schmidt dabei glaubte, ein rechtmäßiger Nachfolger des Joyceschen Erbes zu sein, bestätigt nur sein Mißverstehen; Beckett, der besser verstanden hatte, begriff sich dagegen nicht als Joyceschen Erbfolger, sondern sah bereits in jungen Jahren, daß er selbst etwas ziemlich Unjoycesches trieb. In einem Brief des Jahres 1937 stellt Beckett zu seinem darin erläuterten Ziel einer Literatur des Stillschweigens fest:

> Mit einem solchen Programm hat meiner Absicht nach die allerletzte Arbeit von Joyce gar nichts zu tun. Dort scheint es sich vielmehr um eine Apotheose des Wortes zu handeln. Es sei denn, Himmelfahrt und Höllensturz sind eins und dasselbe. Wie schön wäre es, glauben zu können, es sei in der Tat so.

Bei aller Vorsicht, die den Selbstauslegungen von Autoren gegenüber immer am Platze ist, scheint Becketts frühe Äußerung in diesem Punkte doch für sein gesamtes späteres Werk zutreffend zu sein: an die Stelle der Joyceschen Apotheose des Wortes setzt er die Apotheose der Wortlosigkeit. Daß hinter *beidem* eine große Virtuosität steckt, eine meisterliche Virtuosität dem Wort gegenüber, so unterschiedlich sie auch realisiert wird, führt uns zur Frage, wo denn zwischen Joyce und Beckett eigentlich Parallelen, vielleicht gar Identitäten bestehen.

Identisch bei Joyce und Beckett sind nicht die ins Auge springenden Besonderheiten der jeweiligen Schreibweisen, sondern vielmehr ihre Selbstverständlichkeiten: jene Eigenschaften der Texte, die den beiden *Autoren* selbstverständlich waren und die auch *uns*, die wir tagtäglich mit Joyce, mit Beckett, auch mit bestimmten anderen Autoren umgehen, kaum der Erwähnung wert scheinen. Es handelt sich um Prosaqualitäten, die sich eben aufgrund dieser Selbstverständlichkeit oft nur in ziemlich allgemeinen und floskelhaften Formulierungen festhalten lassen: der Anspielungsreichtum der Texte etwa; das Aufzeigen von Allgemeingültigem im Spezifischen; die Profanisierung des Mythos und die Mythisierung des Alltags, des Banalen; der Einsatz von Sprache nicht als Fenster auf die Realität, sondern als Realität selber, als Sprach- und Sprechkörper. All das und auch die große Sprachkomik in den Werken beider Autoren scheint uns, wenn wir viel mit Joyce oder Beckett oder gar beiden umgehen, zu unverbindlich, um damit viel beschreiben zu können. Dennoch müssen wir dieses Fundament beiden gemeinsamer Eigenschaften zur Kenntnis nehmen, um die Differenzen im Speziellen würdigen zu können; es gibt ja immerhin auch ganz andere Autoren, deren Lektüre zeigt, daß die Selbstverständlichkeiten Joyceschen und Beckettschen Schreibens durchaus keine Selbstverständlichkeiten der Literatur schlechthin sind.

Erst wenn wir die selbstverständlich scheinenden Gemeinsamkeiten in den Literaturkonzepten beider Autoren als solche würdigen, macht es Sinn, auch die Unterschiede zu benennen – und deren gibt es wahrlich viele. Ich möchte einige davon nur kurz beim Namen nennen, ohne sie aufwendig und umständlich zu erläutern: Die Joycesche Tendenz zur Polyphonie steht dem Beckettschen Hang zum Monologischen gegenüber. (Joyce schrieb zwar auch höchst berühmte Monologe, aber sie sind doch stets nur Teilstimmen innerhalb eines mehrstimmigen Zusammenhangs, während Becketts Prosa und teilweise auch seine Dramatik seit den 40er Jahren nur noch monologisch zentriert ist. Übrigens scheint für Beckett die Beschränkung aufs Monologische eine ähnliche Funktion gehabt zu haben wie für Joyce die Beschränkung auf den Schauplatz Dublin.) – Bei Joyce hieß Überarbeitung von Texten immer vor allem Anreicherung, Ergänzung, Ausweitung; Beckett hingegen reduzierte seine Arbeiten während der Überformung zusehends, d.h. bei ihm bestand die Überarbeitung zu einem bedeutenden Teil aus Streichungen. – Joycens Domäne waren die Zeit und das Gehör, das zum Nacheinander tendiert; bei Beckett kommen diese Kategorien zwar durchaus auch zu ihrem Recht, aber dominant sind hier das Medium Auge, die Zeitlosigkeit und der Raum, der zur Arena der sich perpetuierenden Minimalexistenzen des Spätwerks wird. Im Zusammenhang damit sei darauf hingewiesen, daß Beckett sich ausgiebig mit der Malerei auseinandergesetzt hat, und zwar mit der modernen, nichtgegenständlichen – wie denn überhaupt sein Kunstgeschmack im Gegensatz zum Joyceschen durchaus auf der Höhe der Zeit war, auch in der Musik.

Um noch einmal darauf zu weisen, daß solche Differenzen signifikant erst auf der Grundlage übereinstimmender allgemeiner Literaturkonzepte werden, möchte ich zum Schluß meiner reichlich langen Rede erneut auf die Vorstellung von der Identität von Gegensätzen zu sprechen kommen – eine Vorstellung, die bei Joyce und Beckett sicherlich gleichermaßen die Sprachhandhabung bestimmte – nur natürlich auf unterschiedliche Weise. In der Frankfurter Oper ist zur Zeit ein Werk namens „neither“ zu begutachten: ein Beckett-Gedicht, das für Morton Feldman geschrieben und von diesem in Musik gesetzt wurde. Ich möchte Ihnen dieses Gedicht vorlesen; für die Unzulänglichkeiten der Übersetzung dürfen Sie mich verantwortlich machen:

> hin und her im Schatten vom innern zum äußern Schatten

vom unergründlichen Selbst zum unergründlichen Nichtselbst
weder so noch so

wie zwischen zwei erleuchteten Zufluchten deren Türen beim Nähern
sacht sich schließen, beim Abwenden
sacht wieder sich öffnen

gesandt her und hin und abgewandt

ungeachtet des Wegs, bedacht auf den einen Schimmer oder den andern

ungehörte Schritte einziger Laut

bis zuletzt einhalten für immer, fort für immer
vom Selbst und dem andern

dann kein Laut

dann sachtes Licht unverlöschlich auf jenem unbedachten
weder noch

unsprechbares Zuhause

Hier haben wir es in der Nußschale: Becketts Streben nach den Zwischenstadien; nach dem Niemandsland zwischen Licht und Dunkel, zwischen Ich und Nicht-Ich, zwischen Sein und Nichtsein, zwischen Sprechen und Schweigen. Dieser „unsprechbare" Zustand des „weder noch" ist Becketts Weise, die Identität des Gegensätzlichen ins Werk zu setzen, eben als Aussparung; bei Joyce finden wir anstelle dieses „weder noch" dagegen ein „sowohl als auch". Beckett sucht möglichst viel auszuschließen, Joyce sucht möglichst viel einzuschließen. Das Konzept dahinter ist im Grunde gleich; die Realisierung im künstlerischen Prozeß, im Schreiben geht aber diametral entgegengesetzte Wege. Dazu gehört es auch, daß bei Beckett Sprechen – vor allem das ritualisierte Sprechen, das ritualisierte Durchspielen immer gleicher Konstellationen – nicht Herbeischaffen von Welt ist, sondern der Versuch, sich die Welt vom Leibe zu schaffen: das ritualisierte Sprechen zielt darauf ab, die zur Sprache gebrachten Phänomene zum Verschwinden zu bringen, während bei Joyce das Sprechen immer Erschaffung von Welt ist.

Also: „weder noch" versus „sowohl als auch" – das ist die abschließende Formel, die ich Ihnen an die Hand geben möchte; man kann den selben Sachverhalt allerdings auch profaner ausdrücken, beispielsweise so, wie Arno Schmidt es tut in *Zettel's Traum*: „Joyce ist die Fülle. Beckett ne Krampfhenne." Dieser Ausdruck allerdings mißfällt mir ein wenig; er geht zu Lasten Schmidts, der mit Beckett überhaupt nichts anzufangen wußte. Ich meine, Beckett könnte statt der „Krampfhenne" vielleicht doch eher das blinde Huhn sein, das nach des Pudels Kern pickt.

Wege zu Beckett

Meine Damen und Herren,
Beckett schreckt die meisten, heute vielleicht mehr denn je, weil heute weniger Leser denn je zu wissen scheinen, daß Literatur etwas anderes ist als muntere Unterhaltung. Aber auch unter jenen Lesern, die eigentlich durchaus einen Sinn für avanciertere Literatur haben, gibt es bekennende Beckett-Bejammerer, die einem beispielsweise sagen, Becketts Texte seien deprimierend düster oder humorlos oder ohne Sinn. Ich hab das nie verstanden, mich hat Beckett nie geschreckt; vielleicht sollte ich Ihnen deshalb schon verdächtig sein, aber vielleicht hab ich auch einfach Glück gehabt und bin auf glücklichen Wegen zu Beckett gekommen. Von diesen glücklichen Wegen zu Beckett, aber auch von Wegen, die durch sein Werk hindurch und womöglich auch glücklich wieder heraus führen, möchte ich Ihnen heute einiges erzählen.

Einer der markantesten Wege, die sich in Becketts Werk finden, wird beschrieben in dem Roman *Mercier und Camier*, der kurz nach dem Weltkrieg entstand, und zwar als einer der ersten Beckett-Texte nicht mehr in englischer, sondern in französischer Sprache – an den französischen Sprachraum denkt ein unvoreingenommener Leser wohl auch schon bei den beiden Titelnamen Mercier und Camier, doch das kann täuschen, tatsächlich gibt es auch den irischen Namen Mercier, und folglich befinden wir uns ganz und gar innerhalb der Reihe solcher Beckettscher Figurennamen wie Murphy, Molloy, Moran, Malone. Wie Sie merken, mochte Mister Meck..., äh Beckett den Buchstaben M, kein Wunder, ist es doch der 13. im Alphabet (und Beckett ist am Karfreitag, dem 13. April geboren); aber auch auf den Kopf stellen läßt sich das M und wird dann zum W; *Watt* heißt jener Roman, den Beckett im Krieg schrieb und mit dem er seine Schreibweise auf den Kopf stellte, während die Welt auch auf dem Kopf stand.

Aber jetzt bin ich schon sehr auf Abwege geraten, wie es einem leicht ergehen kann, wenn man Beckett liest (und wie es erst recht Becketts Figuren ergeht, wenn sie eigentlich nur simple Dinge erzählen wollen). Ich wollte Ihnen von dem Weg in *Mercier und Camier* erzählen; hier kommt er – etwas gekürzt – als Zitat:

> Ein noch befahrbarer Weg verläuft quer über die Hochheide. Es ist der alte Heerweg. Er durchquert weite Moore, in fünfhundert Meter Höhe, oder tausend, wenn Ihnen das lieber ist. Er dient zu nichts mehr. [...] Alles sieht flach aus oder sanft gewellt, und doch kommt man ganz nahe an hohen Felswänden vorbei, ohne etwas von ihnen zu ahnen. [...] Seltsames Land. [...] Niemand kommt mehr hierher, es sei denn Leute, die immer auf Malerisches aus sind, oder Wanderer. Das mit Heidekraut verkleidete Moor zieht einen an, mit einer Anziehungskraft, der Sterbliche schwer zu widerstehen vermögen. Dann verschlingt sie das Moor, oder der Nebel sinkt herab. [...] Ende des beschreibenden Abschnitts.

Beckett, meine Damen und Herren, schätzte keine Beschreibungsliteratur, er wollte nicht einen Weg beschreiben, sondern sich Wege erschreiben, aber den Weg, den er hier in seinem Roman beschreibt, gibt es wirklich, und zwar in Irland, in den Wicklow-Bergen, dicht vor der Haustür von Becketts Geburtshaus. Am 19. Juli 1978 mühten sich drei damals junge Radfahrer genau diesen Weg entlang; einer davon war ich, und es war die erste Tagesetappe meiner ersten Irlandreise. Ich darf sagen, damals auf jenem Weg begann mein Weg zu Beckett, allerdings ahnte ich das damals noch nicht, kannte vielmehr kaum den Namen Beckett und hatte noch keine Zeile von ihm gelesen, nie auf Godot gewartet, war zu meinem höchsten Glück auch in der Schule nicht zu Beckett-Lektüre gezwungen worden und konnte ihn also noch selbst entdecken. Daß mich die Beckett-Lektüre dann kein bißchen frustrierte, liegt vielleicht auch daran, daß mich das Radfahren auf jenem Weg damals sehr frustrierte; in jenem Sommer ’78 und insbesondere an jenem 19. Juli herrschte nämlich äußerst irisches Wetter – die Iren nennen es ‚soft weather‘ –, zu meiner Ausrüstung gehörten nicht nur ein Bundeswehrrucksack und ein Bundeswehrschlafsack, sondern leider auch ein bodenloses Bundeswehrzelt, das für solches irisches Wetter denkbar ungeeignet ist, und zudem waren die Winde widrig. Nie werde ich die zwei Radfahrer vergessen, die bergan sausten, ohne treten zu müssen, weil der Wind sie trieb – leider waren es nicht meine Begleiter, sondern die beiden kamen mir entgegen. Komischerweise brannte jener Frusttag sich dennoch nachhaltiger in meinem Gedächtnis ein als jeder andere Tag aller meiner Irlandtouren, und auch jene öde, leere Heidelandschaft prägte sich tief ein, eine Art entidyllisierte Lüneburger Heide, ohne Wacholder, dafür mit Stechginster.

Wer es erholsam oder zumindest erstrebenswert findet, solche Gegenden radfahrend kennenzulernen, der findet wohl auch Gefallen dran, Romane zu lesen, deren Erzähler sich robbend und kriechend durch den Schlamm bewegen (ich spreche hier nicht von Landser-Romanen, sondern von denen Becketts!) oder die höchst umständlich darlegen, in welcher Reihenfolge sie ihre Lutschsteine lutschen und wie oft ihnen Furze entfahren. Aber nicht nur derlei kommt bei Beckett vor, sondern häufig auch das Fahrrad, ich bin also nicht der einzige, der diesen

Radfahr-Spleen hat, und nicht nur über mich, sondern auch über Beckett sagt es einiges aus, daß ich vor einigen Jahren ein hochernsthaftes Buch über das Fahrradfahren bei Beckett geschrieben habe. Na ja, Buch ist vielleicht etwas übertrieben, es ähnelt ein bißchen manchen Beckett-Büchern, hat nämlich bloß 48 Seiten, für die der Verleger damals 48 Mark verlangte, und auch diese 48 Seiten kamen nur zustande, weil eine große Schrifttype verwendet und zudem die Hälfte der Seiten von hübschen Illustrationen eingenommen wurde. Für diejenigen unter Ihnen, die dieses – nun ja: – wegweisende Buch nicht gelesen haben, möchte ich meine Forschungsergebnisse kurz zusammenfassen.

In den, wie die Beckett-Verschreckten wissen, vorwiegend düsteren und freudlosen Welten der Erzählungen und Romane Becketts gilt dem Fahrrad überall da, wo es auftaucht, die letzte Liebe der Figuren, auch wenn diese oft genug zu sehr verkrüppelt sind, um noch drauf zu fahren. Im Idealfall schaffen sie es, in einer Art Fahrraderotik zu schwelgen; der Romanheld Malone empfindet das Betätigen seiner Fahrradhupe als „Wollust“; sein Vorgänger Moran wünscht sich nichts sehnlicher, als „viertausend Worte“ über sein Fahrrad zu verlieren.

Nicht verloren, sondern geklaut wird das erste Fahrrad, das im Werk Becketts prominent auftaucht, nämlich in der Erzählung „Fingal“ des Bandes *Mehr Prügel als Flügel*. Becketts Held Belacqua ist mit seiner Freundin Winnie zu Fuß unterwegs, als er auf das Gefährt seiner Träume trifft: „Sie liefen den Wiesenrain eines umgepflügten Felds entlang, bis sie auf ein Fahrrad stießen, das halb versteckt unter den wuchernden Halmen lag. Belacqua, der einem Fahrrad unter keinen Umständen widerstehen konnte, hielt diesen Fundort für ausgesprochen sonderbar. Der Besitzer stand auf dem Acker und kratzte mit einer Harke in den dürren Furchen.“

Furchenkratzen aber ist gefährlich, vor allem, wenn man dabei sein Fahrrad nicht im Blick behält. „Die Nickelspeichen des Fahrrads glitzerten in der Sonne“, lesen wir, und sobald Belacqua von diesem Reiz eingefangen ist, ist ihm Winnie nur noch lästig. Als nah der Irrenanstalt ein gewisser Dr. Sholto die Szene betritt, an dem Winnie, wie Belacqua weiß, nicht wenig interessiert ist, nutzt unser Held die Gelegenheit, sich zu absentieren und nun ganz die Befriedigung seiner eigenen Bedürfnisse in den Blick zu nehmen: „Er ging in anderer Richtung weiter bis dorthin, wo das Fahrrad im Gras lag. Ein treffliches, leichtes Gerät mit Holzfelgen und roten Reifen. Als er den Ackerrain zur Straße hinunterrannte, hüpfte es unter seiner Hand neben ihm her. Er stieg auf, und so flogen sie bergab und um die Ecke, bis sie schließlich bei dem Zauntritt zu dem Feld anlangten, wo die Kirche stand. Das Ding fuhr sich wie Butter; rechts schäumte das Meer zwischen Felsen.“

Daß Belacqua und das von ihm so trefflich geklaute Fahrrad zum „sie“ vereint werden, macht die ganze Sache mehr als deutlich; die postkoitale Traurigkeit, die der Held zuvor mit Winnie erlebte, weicht von ihm: „Belacquas Tristesse fiel von ihm ab wie ein Überhang. Er trug das Fahrrad ins Feld und legte es ins Gras“, wie er zuvor auch schon mit Winnie im Gras gelegen hatte. Wir lernen hier: die Liebe zum Fahrrad ist erquicklicher als die zu den Frauen.

Die wohl notorischsten Fahrradbesitzer in Becketts Werk sind die Titelhelden des Romans *Mercier und Camier*, von dem ich bereits gesprochen habe. Obwohl Mercier und Camier zeitweise über ein Fahrrad verfügen, fahren sie offenbar nie darauf. Vielmehr dient das Fahrrad, das im wahrsten Sinne des Wortes ein Zweirad ist, vor allem dazu, das Aneinandergekettetsein der beiden Helden in ein Bild zu fassen. Sinnigerweise sind es nicht

Mercier und Camier selbst, die das Fahrrad zum Thema machen, sondern es ist der Parkwächter, der unterstellt, es gehöre ihnen, und sie zu seiner Entfernung aus dem Park auffordert. Für uns aber ist genau dies die Frage – gehört das Fahrrad den beiden Halunken? Zuerst streiten sie rundheraus ab, etwas damit zu tun zu haben: „Ich sehe nichts, sagte Camier. Mercier, siehst du ein Fahrrad?“ Und dann, zum Parkwächter gewandt: „Wie sollen wir von etwas, das wir nicht sehen, sagte Camier, dessen Vorhandensein lediglich aus Ihren Behauptungen zu entnehmen ist, wissen, ob es uns gehört oder anderen?“ Aber Mercier läßt sich erweichen: „Angenommen, dieses sogenannte Fahrrad gehörte uns, sagte Mercier. Was ist Böses daran?“ Mit dieser Annahme stecken die beiden schon in der Falle, angenommen heißt in diesem Fall genommen, und sofort folgt die Replik des Gefährten: „Laß uns ehrlich sein, sagte Camier, es gehört uns.“ Ob gerade dieses Bekenntnis wirklich ehrlich ist, bleibt mehr als fraglich; an keiner einzigen Stelle des Textes wird definitiv geklärt, wie das Fahrrad in den Park kam und wem es gehört. Die Umstände, unter denen sich Mercier und Camier mit dem Rad aus dem Park entfernen, legen nahe, daß sie das Rad zum ersten Mal sehen, denn sie inspizieren es genau und nehmen jedes Detail für ihre Verhältnisse recht überrascht zur Kenntnis.

Aber nicht diese offensichtlich widerrechtliche Aneignung fremden Gutes ist es, die die Beziehung des Pseudopaares zum Fahrrad in die Brüche gehen läßt – fatal ist vielmehr, daß die beiden das Fahrrad nie zweckentsprechend verwenden. Der einschlägige Merksatz, den wir in *Mercier und Camier* lesen, lautet: „Das Fahrrad ist ein hohes Gut. Aber bei falschem Gebrauch wird es gefährlich.“ Was ein falscher Gebrauch ist, macht Becketts Werk immer wieder klar; seine Helden erleben Glücksmomente, wenn sie das Fahrrad richtig gebrauchen, also drauf fahren, doch sie scheitern immer dann, wenn sie sich zu einem dysfunktionalen Einsatz des Fahrrads verleiten lassen, und das tun sie oft genug. Mercier und Camier fahren nie auf ihrem Rad; als sie es schließlich verlieren, geht ihre Freundschaft in die Brüche. In einem anderen Roman, *Watt*, gibt es einen Mann, der sein Fahrrad die Treppe eines Bahnhofs hinauf- und hinunterträgt, statt sich von ihm tragen zu lassen; ein anderes Fahrrad im selben Roman wird von einem Zug befördert und gehört ausgerechnet einer Miss Walker. All das bedeutet, daß die eigentliche Funktion des Fahrrads pervertiert wird und die Freuden des Radfahrens außer Reichweite bleiben.

Eine rühmliche Ausnahme ist der Titelheld des Romans *Molloy*. Er stellt fest: „Wie beruhigend es ist, von Fahrrädern und Hupen zu sprechen. Unglücklicherweise geht es nicht darum, sondern um die Frau, die mir das Leben gegeben hat, durch das Loch in ihrem Hintern, wenn ich mich recht erinnere. Erster Beschiß." Wobei der „Beschiß" nicht zuletzt darin liegen dürfte, daß der Beschissene, der das Fahrrad ganz entschieden der Frau vorzieht, diese Vorliebe unterdrücken muß. Molloy ist ein wahrer Nachfolger Belacquas, und zwar gerade, was die latente Fahrraderotik betrifft. Selbst die Schwierigkeiten, als Krüppel mit seinem Fahrrad einen Engpaß auf seinem Wege hinter sich zu bringen, meistert Molloy mit Bravour und vermerkt dazu: „Auf diese Weise brachten wir diesen schwierigen Durchgang zur gleichen Zeit hinter uns, mein Rad und ich." Was für ein Paar! Gar nicht mehr erstaunen kann da, daß Molloys vertraulicher Umgang mit seinem Fahrrad von den allgegenwärtigen Ordnungshütern offensichtlich als Obszönität aufgefaßt wird: „Ich begriff schließlich, daß meine Art mich auszuruhen, meine Stellung während des Ausruhens, nämlich rittlings über meinem Fahrrad, die Arme auf der Lenkstange, den Kopf auf den Armen, ein Attentat auf irgend etwas, woran ich mich nicht mehr erinnere, die Ordnung oder die guten Sitten, darstellte.“ Der Be-Sitz und Be-Ritt des Fahrrads also stellt das Gefüge der Welt in Frage.

Der Titelheld des nächsten Beckett-Romans *Malone stirbt* ist noch unbeweglicher und verkrüppelter als Molloy. In seiner Welt gibt es deswegen auch keine Fahrräder mehr – wohl aber gehört zu den Dingen, denen Malone die letzten Reste dessen angedeihen läßt, was bei Molloy noch „Wollust“ heißt, ein kleines Relikt jener Zeiten, da man noch Fahrrad fahren konnte: „Ich hätte über meinen Fahrradklingeldeckel sprechen mögen, über meine halbe Krücke, die Hälfte mit dem Querstück, man könnte sagen eine Babykrücke. Ich kann es übrigens noch tun, was hindert mich daran, ich weiß nicht, ich kann nicht“ – und damit Ende der Fahrraddiskurse; der „Namenlose“, Held im beschließenden Band von Becketts Romantrilogie, lebt nur noch in fahrradlosen Vorstellungswelten.

Vielleicht ist es kein Zufall, daß Fahrräder in Becketts Werk vor allem da auftauchen, wo sich die Szenerien zumindest dem Kenner rasch als irische Landschaften offenbaren; das Fahrrad ist offenbar ein Relikt irischer Erinnerungen, auch wenn Beckett sinnigerweise gerade seine zukünftige Heimat Frankreich erstmals auf einer Radtour entlang der Loire kennenlernte. Das bringt uns auf die Frage, was denn eigentlich irisch an Beckett ist. Verstand er sich überhaupt als Ire? Immerhin antwortete er einmal auf die Frage, ob er Engländer sei, mit einem entschiedenen: „Au contraire!“, also „Im Gegenteil!“ Aber ist das Gegenteil von ‚englisch‘ wirklich ‚irisch‘? Was ist denn irisch an Beckett?

Irisch ist, natürlich, seine Herkunft; aufgewachsen ist er in einem Dörfchen am Rande Dublins, gelegen zwischen der irischen See und jenen Bergen, über die der vorhin beschriebene Weg führt. Sehr irisch also ist die Landschaft, die Beckett in frühester Kindheit kennenlernt, vor allem auf langen Wanderungen mit seinem Vater; diese Wanderbegeisterung des Vaters ist aber damals durchaus nicht typisch irisch, und überhaupt entspricht die Familie Beckett, die zur protestantischen Oberschicht gehört, keineswegs dem Klischee einer irischen Abkunft: man spielt Kricket und Tennis und lebt nach den Regeln britischer Kultur.

Auch die Schulzeit bringt Beckett kaum mit jenen Bevölkerungsschichten in Kontakt, die wir als typisch irisch beschreiben würden. Die Earlsfort House School in Dublin, die er besucht, wird von einem englischen Rektor mit einem Faible fürs Französische geleitet; zudem liegt sie direkt neben der Bahnstation, so daß Beckett von der Großstadt nicht viel wahrnimmt – und erst recht vom Erwachen des irischen Nationalbewußtseins. Als zu Ostern 1916 die Dubliner Innenstadt brennt, steigt Vater Beckett mit seinen Söhnen auf einen Hügel und amüsiert sich über das Schauspiel; der zehnjährige Samuel allerdings ist entsetzt und vergißt die Szene nie wieder.

Als Vierzehnjähriger kommt er auf eine Internatsschule in Fermanagh im irischen Nordwesten und lernt eine neue, durch Seen, Flüsse und viel Grün geprägte Variante irischer Landschaften kennen. Offensichtlich prägen sich ihm aber diese Eindrücke kaum ein, denn diese Gegend taucht in seinen Büchern nie auf. Leider ist unbekannt, wie Beckett und seine Mitschüler, die allesamt Sprößlinge der protestantischen Elite sind, auf die Teilung Irlands reagieren, die sich in seinem letzten Internatsjahr vollzieht; Fermanagh gehört jetzt zum britischen Nordirland. Zum Studium kehrt Beckett nach Dublin in den neuen Freistaat Irland zurück und lernt nun erstmals das Elend der Bevölkerungsmehrheit in der Großstadt kennen – auf diese Eindrücke reagiert er durch eine Annäherung ans irische Klischee, indem er nämlich zu trinken und zu rauchen anfängt. Ein Semester im nordirischen Belfast, das von konfessioneller Polarisierung gebeutelt wird, verläuft in jeder Hinsicht desolat, und Beckett entflieht nach Frankreich.

Als Lektor in Paris pflegt er einen sehr internationalen Bekanntenkreis, zu dem als bewundertes Vorbild James Joyce zählt – ein Ire zwar, der jedoch ein unirisches Leben führt. Wichtiger wird für Beckett die Freundschaft zu Thomas McGreevy, einem gläubigen Katholiken mit irisch-nationalistischen Neigungen, der bei Beckett in bescheidenem Maße ein politisches Bewußtsein weckt. Als homosexueller Emigrant hat McGreevy freilich ein eher gebrochenes Verhältnis zum engstirnigen Irentum jener Zeiten.

1930 kehrt Beckett notgedrungen nach Irland zurück und stellt fest, daß ihm die Dubliner Intellektuellen „ohne Ausnahme" mißfallen. Folglich ergreift er jede sich bietende Gelegenheit, Irland und sein Elternhaus zu fliehen, und leidet, sobald er zurückkehren muß, an psychosomatischen Beschwerden. Ende 1933 begibt er sich zu einer (in Irland zu dieser Zeit verbotenen) psychoanalytischen Behandlung nach London.

Die zwei Jahre, die Beckett in London verbringt, sind eigentlich seine irischsten überhaupt. Beckett verkehrt fast nur mit Iren, leidet unter der Herablassung, die in England jedem ‚Paddy' zuteil wird, und schreibt Artikel über irische Literatur und gegen die Zensur in Irland. Für das offizielle Irland hat er nur Hohn und Spott übrig, wie auch manche Textstelle in dem in London geschriebenen Roman *Murphy* illustriert.

Die Rückkehr nach Dublin verläuft so desolat, daß Beckett bei nächster Gelegenheit gleich wieder flieht, zunächst auf eine mehrmonatige Kunstreise durch Deutschland, die mittelbar dafür verantwortlich ist, daß wir heute hier sind, und dann wiederum nach Paris, wo er sich endgültig niederläßt. In seinen weiteren fünfzig Lebensjahren spielt Irland für Beckett keine besondere Rolle mehr – nur zu besonderen Anlässen (meist sind es Beerdigungen) kehrt er dorthin zurück. Von nun an ist Irland Vergangenheit, und lediglich als Relikte der Vergangenheit tauchen irische Szenen, Schauplätze und Erinnerungen in Becketts Werk auf. Irland versteckt sich hinter Becketts Augen; wenn er sie schließt, sieht er Szenen aus seiner frühesten Jugend, deren er sich in seinem Werk bedient. Immer dann, wenn Beckett sich durch seine künstlerische Kompromißlosigkeit in eine Situation manövriert hat, in der er fürchtet, nicht mehr weiter zu können, schließt er die Augen besonders lange – und findet in seinen ältesten Erinnerungen Stoff für künstlerische Neuansätze. Das Irische ist nicht das, was Becketts Kunst ausmacht; aber es ist das, was diese Kunst ermöglicht: irische Szenerien bieten Beckett die Erinnerung an Wege, der er in jungen Jahren gewandert ist, und diese Wege eröffnen ihm Möglichkeiten, weiter zu schreiben und mit seinem Schreiben weiter zu gehen.

Zwischen Irland und Beckett herrscht keine Liebe; Irland zensiert ihn und seine Kollegen, weswegen Beckett sich 1958 sogar genötigt sieht, alle Aufführungen seiner Stücke in Irland zu untersagen. (Bald darauf muß er das Verbot recht kleinlaut zurücknehmen, da er sich in Vertragsklauseln und Versprechungen verheddert hat.) Aber Beckett behält seinen irischen Paß, läßt sich in Frankreich nie einbürgern. Tatsächlich wird er in den 50er und 60er Jahren so etwas wie ein künstlerischer irischer Botschafter in Paris, um den sich die dort lebenden jüngeren irischen Kollegen sammeln. Zumindest zeitweise nimmt Beckett die ihm zugewiesene Rolle an. Beim rabaukenhaften Brendan Behan taucht er unverhofft auf, gemahnt ihn an seine besondere Verantwortung als Schriftsteller und warnt vor den Folgen exzessiven Alkoholkonsums – als Behan hinreichend zerknittert ist, holt Beckett dann freilich eine Flasche irischen Whiskey hervor, die die beiden ungleichen Brüder gemeinsam leeren.

Mit politischen Äußerungen hält Beckett sich in Frankreich weitgehend zurück, nicht zuletzt seines Status als nicht eingebürgerter Ausländer wegen. Um so überraschender ist die Vehemenz, mit der er – in seinen letzten Lebensjahren – einem amerikanischen Bewunderer über den Mund fährt, der den Nordirlandkonflikt als unlösbar bezeichnet: „Brits out!“, sagt Beckett mit einem Slogan der IRA; „Die Briten müssen raus aus Irland!“ Damit ist er in der Tat beim äußersten Widerspruch gegen englische Positionen angekommen – bei einer republikanisch-irischen Einstellung, die jedoch keineswegs seiner familiären und gesellschaftlichen Herkunft entspricht. Das Irische am alten Beckett ist etwas anderes als das Irische am jungen Beckett.

Becketts Irentum also hat sich mit den Jahrzehnten verändert, vor allem durch die lange Abwesenheit aus Irland, auch schon durch frühe Wanderjahre. Diese Wanderjahre waren die 30er Jahre; Beckett trieb sich für längere Zeit in Paris, in London und in Deutschland rum. Zwischendurch mußte er immer wieder zurück zu seiner Mutter nach Irland, entweder weil ihm das Geld ausging oder weil er die Flucht auf Dauer ebensowenig ertrug wie die Nähe. Becketts Wanderjahre stellen sich deswegen als ein ständiges Hin und Her dar, als pendelndes In-Bewegung-Sein, wie man es dann später in seinem Werk hinter der vordergründigen Erstarrung auch immer ausmachen kann. Diese Dauerbewegung hat ihre Ursache vermutlich in Becketts familiären und privaten Problemen und der Lösung, die er bei seiner mehrjährigen Therapie in London dafür gefunden zu haben scheint. Wenn Beckett weder Nähe noch Flucht ertragen konnte, so lernte er schließlich, immer eine gewisse Distanz einzunehmen, die ihm die Welt erträglich machte. Beckett wandte sich nicht von der Welt ab, wie seine Verächter meinen, sondern er hielt die Welt auf Distanz und nahm sie dabei um so genauer in den Blick seiner durchdringenden Augen. Ein wichtiges Mittel der Distanzschaffung scheint das permanente Gehen gewesen zu sein; in seinem späteren Werk beschreibt Beckett mitunter Wege, die nirgendwo anfangen und nirgendwo enden, und da es nun in diesem Werk keine Fahrräder mehr gibt, werden diese Wege zu Fuß abgeschritten.

Was es mit Becketts Fuß-Wegen auf sich hat, können wir erahnen, wenn wir seinen kurzen Text „weder noch“ aus dem Jahr 1976 ganz genau lesen, einen Text, den Beckett selbst als die Essenz seines Daseins bezeichnet hat. Die Textstimme irrt unablässig hin und her zwischen zwei Türen, die „beim Nähern sacht sich schließen, beim Abwenden sacht wieder sich öffnen“; das Ich sehnt sich danach, durch eine dieser Türen treten zu können, „ungeachtet des Wegs“, auf dem es zwischen diesen Türen pendelt. Am Ende aber wird gerade dieser „Weg“, das „unbedachte weder noch“, zum „unsprechbaren Zuhause“. Die Textstimme bleibt immer in Bewegung, „by way of neither“, wie es im Original heißt: eigentlich müßte man das als „auf dem Wege des weder noch“ übersetzen, wenn das nicht so umständlich klänge (auch beim Übersetzen Becketts gibt es zwar Wege zum Ziel, das Ziel ist freilich oft unerreichbar).

Solche weder-noch-Wege finden sich sehr häufig in Becketts Werk, oft bezeichnet durch einen virtuos-unaufdringlichen Gebrauch der englischen Vokabeln ‚way‘, ‚always‘ und ‚away‘. Becketts Wege setzen sich auf immer fort, sie führen fort von etwas und nur selten zu etwas hin. Becketts weder-noch-Weg ist der Weg seiner Kunst, ein Weg der unablässigen Erneuerung durch unablässige Wiederholung. Wer auf einem dieser Wege ist, ist ständig unterwegs, ohne je an einen anderen Ort zu gelangen, die Figuren treten auf der Stelle. Alle Wege – das englische ‚always' deutet es an – sind immer gleich, sie sind tatsächlich unendlich. Zwar beschäftigen sich Becketts Texte häufig mit dem Prozeß des Endens, doch das Ende tritt eigentlich nie ein. Wer Beckett seiner offensichtlichen Hoffnungslosigkeit wegen kritisiert, übersieht dies meistens; tatsächlich beginnt zwar für Beckett der Prozeß des Endens gleichsam mit der Geburt, aber dieser Prozeß dauert doch sozusagen unendlich an – solange etwas endet, ist es noch nicht zu Ende. Die ersten Worte im *Endspiel* lauten: „... Ende, es ist zu Ende, es geht zu Ende, es geht vielleicht zu Ende" – das Ende wird also, gerade weil es darauf zu geht, immer weiter eingeschränkt, und dies kann man notfalls als Hoffnung lesen.

In einigen Texten Becketts geht es um die Hoffnung auf einen Ausweg; Auswege sind die hoffnungsfreudigsten aller Wege. Freilich werden auch sie nie erreicht, und dies hält die Hoffnung am Leben. Becketts Figuren und Stimmen überlisten sich gern selbst, indem sie die Wahrscheinlichkeit, daß der Ausweg gefunden werden kann, verringern: je länger der Ausweg außer Reichweite bleibt, desto länger läßt sich hoffen, daß es ihn gibt. Also ziehen sich Becketts Wege (vielleicht nicht räumlich, doch zumindest zeitlich) in die Länge, und ein Fünkchen Hoffnung bleibt immer.

Becketts weder-noch-Wege sind gleichzeitig immer-Wege. Bisweilen träumen Becketts Stimmen von einem paradoxen „Weg durch einen Raum ohne hier, ohne da, wo alle Schritte der Welt sich nie irgend etwas nähern, sich nie von irgend etwas entfernen." Andererseits lesen wir in *Gesellschaft* von einem Weg, der „immer der gleiche ist", daß dieser nun ohne den geliebten Vater begangen wird, der früher dabei war: „Tag für Tag. Den gleichen Weg. Als gebe es keinen anderen mehr. Für dich gibt es keinen anderen mehr." Wenn aber etwas nicht mehr ist, wie es früher war, muß sich etwas geändert haben, und es stimmt nicht, daß der Weg „immer der gleiche ist“; dieses Immergleiche war nicht immer schon da – tatsächlich sind Becketts Immer-Zustände so angelegt, daß sie irgendwann einmal begonnen haben und irgendwann enden werden (oder zumindest enden können). Ist das ein logischer Widerspruch? Sicher ist es das; allerdings schrieb Beckett ja keine logischen Abhandlungen, sondern hochkonzentrierte Kunstwerke, in denen möglich wird, was anderswo nicht existiert.

Einen Text, an dem Beckett 1981 arbeitete, ohne ihn je zur Veröffentlichung freizugeben, überschrieb der „Der Weg“. Beschrieben wird darin ein Fußpfad in Form einer Acht (oder des mathematischen Unendlichkeitssymbols), der einen Hang hinauf- und wieder hinabläuft, sich dabei selbst kreuzend. Durch die präzise Beschreibung dieses Wegs kann Beckett darlegen, daß scheinbar widersprüchliche Dinge in der Tat in eins fallen können: Eine Einbahnstraße kann, wenn sie in dieser 8-Form verläuft, wieder zum Ursprung führen; ein Vor kann ein Zurück sein; ein Weg ohne Ende kann (am Kreuzweg) sich selbst treffen.

Die ausgefeiltesten Fassungen von Becketts Weg stammen aus den 70er Jahren, als Beckett mit abstrakten Formen der Wahrnehmung und des Sprechens experimentierte. In den Texten dieser Zeit läßt sich eine Trias aus drei wichtigen Elementen finden: Auge, Stimme, Weg – oder anders ausgedrückt: Sehen, Sagen und Gehen. Das Gehen ist eine Möglichkeit, dem bei Beckett häufigen Zirkelschluß aus Sehen und Sagen zu entkommen und so in auswegloser Lage vielleicht doch zu etwas Neuem vorzudringen. Wo es keinen Ausweg gibt, gibt es zumindest einen Weg dazwischen, einen Weg des endlosen Hin und Her, mit dem ein Zwischenraum geschaffen wird. Dieser Weg führt zu nichts und ändert nichts (und das könnte man als Hoffnungslosigkeit begreifen); wer sich dazu aufrafft, diesen Zwischenweg immer weiter zu beschreiten, behält jedoch zumindest einen Rest von Hoffnung.

Solange Becketts Figuren in Bewegung bleiben (und sei diese Bewegung auch durch die Mauern eines geschlossenen Raums begrenzt), solange sind sie auch in der Lage, sich zumindest vorübergehend an einen anderen Ort zu versetzen – imaginierend oder in ihren Träumen. Selbst da, wo es keinen Ausweg gibt, läßt sich also noch das Weite suchen und vielleicht finden; selbst da, wo ein endloses Immergleich herrscht, sind die weder-noch-Wege noch möglich.

Künstlerische weder-noch-Wege sind das, wonach Beckett noch in den ausweglosesten Situationen strebt. Angesichts der Grenzen, die ihm und seinen Textstimmen immer wieder gesetzt werden, sucht er sich neue Möglichkeiten zu eröffnen und in neue Räume vorzudringen. Mit anderen Worten: Beckett ist immer dabei, neue Wege zu finden, Wege aus der Erstarrung, Wege zur Überwindung aller Begrenzungen, Lücken in den Festlegungen der Welt.

Wenn Beckett geht und wenn seine Figuren gehen, sollte man deswegen nicht fragen: wohin? Wenn Beckett geht, geht er nicht irgendwo hin; er geht auch nicht weg; wenn Beckett geht, dann geht er weiter. Immer weiter. Dieses Weitergehen ist kein Weglaufen, denn weglaufen kann man bei Beckett nichts und niemandem; das Gehen ist vielmehr Gegenwehr, das Gehen ist Gegenan-Gehen. Wer geht, hält Stand; und gleichzeitig Abstand. Beckett wahrt Distanz, indem er geht, und zwar langsam und mühselig (deswegen ist Gehen das Gegenteil von Radfahren, ebenso wie Erdulden das Gegenteil von Glück ist); notfalls wird nicht nur hin und her oder im Kreis gegangen, notfalls wird sogar auf der Stelle getreten wie in *Warten auf Godot*, wo auf die Aufforderung „Gehen wir!“ die Bühnenanweisung folgt: „Sie gehen nicht von der Stelle“.

Nicht nur in seinem Werk, sondern auch außerhalb davon ist Beckett immer ein großer Geher gewesen. Über die Hügel vor seinem Geburtshaus ist er gewandert und durch alle Städte, in denen er wohnte, stundenlang marschiert. Seine Wanderjahre in den 30er Jahren waren auch in diesem Sinne wirklich Jahre des Wanderns. In dem halben Jahr, das Beckett ab Oktober 1936 in Deutschland verbrachte (die ersten zwei Monate davon in Hamburg), latschte er seine Schuhe rücksichtslos aus, indem er durch unzählige Kunstausstellungen lief und große Teile der besuchten Städte zu Fuß abschritt. Von Berlin aus schrieb er einem Freund, er habe sich „leer gewandert", und diese Formulierung muß man zum Nennwert nehmen. Beckett war zwar in Deutschland unterwegs, um Eindrücke zu sammeln, vor allem die Eindrücke der Gemälde, die er sich anschaute und bisweilen für Jahrzehnte einprägte, bis sie als Bühnenbilder in seinem Werk wieder auferstanden; gleichzeitig war es aber auch sein Ziel, Ballast loszuwerden, sozusagen die Altschulden seiner seelischen Befindlichkeit und auch die Bürde einer allzu arrogant eingesetzten Bildung über Bord zu werfen, um zu einem Neuanfang zu gelangen, privat wie künstlerisch. Das gelang ihm schließlich auch, und deswegen kann man seine einsame Deutschlandreise insgesamt als Erfolg betrachten, auch wenn es Beckett, während er unterwegs war, oft schlecht ging – nicht zuletzt, weil das Deutschland von 1936/37 nicht mehr das war, das er suchte. Er bekam genug von den Schrecken des Hitler-Regimes mit, um sehr genau zu wissen, was bald darauf ganz Europa drohte, und auch das war sicherlich ein Grund, warum er im Krieg dann in der französischen Résistance aktiv war und sich an Sabotageakten gegen die deutschen Besatzer beteiligte.

Becketts Liebe zum besseren Deutschland hat das keinen Abbruch getan. Beckett hat eine Reihe von deutschen Lieben gehabt, von seiner Cousine Peggy Sinclair, die in

Kassel lebte, über Schopenhauer, mit dessen Pessimismus er die Ekstasen Prousts konterkarierte, und Fontanes *Effi Briest*, worin ihn wohl die Poesie entgangener Möglichkeiten ansprach, bis hin zu einigen Meistern aus Deutschland, für die er sich noch spät begeisterte. Zwar bekam ich, als ich Beckett nach seinem Urteil über Arno Schmidt fragte, als Antwort nur den lapidaren Satz: „I have no opinion on Arno Schmidt“ (gefolgt immerhin von einem „Sorry“, denn Beckett war ein sehr höflicher Mensch, vielleicht weil er erkannte, daß man mit Höflichkeit besser Distanz schaffen kann als mit schroffem Benehmen); aber wenn er sich schon nicht für Arno Schmidt erwärmen konnte, schwärmte er in seinen letzten Lebensjahren immerhin für, nun ja, Steffi Graf.

Von den 60er Jahren an war Beckett häufig in Deutschland, um seine Stücke zu inszenieren. Wieder lief er stundenlang durch Berlin, und als ihn jemand fragte, was es da denn Schönes zu sehen gebe, antwortete er: „die Lücken zwischen den Häusern“. In Stuttgart, wo Becketts Fernsehspiele aufgezeichnet wurden, soll es einmal ein Problem gegeben haben: in der Nähe des Senders gab es eine Gaststätte, in die man Beckett eingeladen hatte, doch dort herrschte eine strenge Kleiderordnung, und Beckett tauchte dort direkt von einer längeren Stadtwanderung auf – barfuß.

Beckett kannte also die Wege und Straßen mancher deutschen Stadt, auch Hamburgs; da er auf seiner Deutschlandreise akribisch Tagebuch führte, weiß man sogar genau, wo er langgelaufen ist, und wer auf seinen Spuren wandeln will, braucht sich nur einer der Führungen anschließen, die Carola Veit in den nächsten Wochen anbietet. Als Kontrapunkt dazu möchte ich zum Abschluß meiner Wegebegehung aber doch auch die Grenzen illustrieren, die solches Tun hat.

Als Beckett 1937 Deutschland verließ, hatte er im Gepäck den Vorschlag einer Reisebekanntschaft, er möge doch Ringelnatz übersetzen. Beckett lehnte das schließlich ab, weil er Ringelnatz „nicht der Mühe wert“ fand – der sei wohl Goethes Meinung gewesen: „Lieber NICHTS zu schreiben, als nicht zu schreiben.“. Nur des Geldes willen übersetzen wollte Beckett die Gedichte auch nicht, sondern erklärte: „wenn wir unbedingt Geld verdienen müssen, machen wir es anderswo“ – was ihn um so mehr ehrt, als es dieses „anderswo“ damals für Beckett nicht gab.

Aber ein bißchen was von Ringelnatz blieb ihm doch im Hinterkopf, und noch ein halbes Jahrhundert später überraschte er deutsche Gesprächspartner, indem er bei passender Gelegenheit deklamierte:

> In Hamburg lebten zwei Ameisen,
> Die wollten nach Australien reisen.
> Bei Altona auf der Chaussee
> Da taten ihnen die Beine weh,
> Und da verzichteten sie weise
> Dann auf den letzten Teil der Reise.

Das ist sozusagen die selbe Geschichte, die Beckett einige Jahre später in *Mercier und Camier* erzählt, nur daß er für Hamburg und Altona Dublin und seinen Geburtsort Foxrock einsetzt. Mercier und Camier nämlich brechen mit einem diffusen Ziel mehrmals aus Dublin auf, per Zug und zu Fuß (seltsamerweise nicht mit ihrem Fahrrad), kommen aber nie weit und landen am Ende immer wieder da, wo sie losmarschiert sind.

Als Beckett-Lesern, meine Damen und Herren, geht es uns so ähnlich wie den Ameisen und wie Mercier und Camier, wir kommen nie an einen letzten Zielpunkt, wir werden nie alles, was in Becketts Texten steckt, bewältigt haben. Das macht aber nichts. Australien ist ein schönes Ziel, aber wichtig ist nicht, daß man hinkommt; wichtig ist, daß man sich in Gang gesetzt hat und in Bewegung bleibt. Wege zu Beckett gibt es viele, Wege hinein in sein Werk, notfalls auch anhand so kurioser und eigentlich abseitiger Themen wie dem Fahrrad; es gibt aber keine Wege, die ganz hindurchführen. Sind wir einmal hineingeraten in Becketts Werk, tut sich darin ein Geflecht unzähliger Wege und Pfade auf, ein Geflecht von ‚backroads' und ‚byways', von Nebenstraßen weit in einem obskuren Hinterland, die wir nie vollständig kartieren können. Dafür können wir etwas anderes: wir können, wenn wir uns auf die Prosatexte und die Szenarien Becketts einlassen, ohne unbedingt alles verstehen oder gar deuten zu wollen, irrwitzige Erfahrungen machen, Erfahrungen, die keineswegs pläsierliche sind, aber unbedingt unvergeßliche – mindestens so unvergeßlich wie die Radfahrerlebnisse vom 19. Juli '78. Mir persönlich jedenfalls ist es immer als unerhörtes Glück vorgekommen, mich auf Becketts Wege begeben zu können, ob nun sesselfurzend oder radfahrend, ob laufend oder mit dem Gefühl, nur eine zwar emsige, aber fußwund gescheiterte Ameise zu sein.

Nähe und Distanz
Im Prinzip ist Beckett Joyce

Zu den deutschen Schriftstellern des 20. Jahrhunderts, über die am meisten geschrieben wurde, zählen sicherlich Franz Kafka und Arno Schmidt; es gibt aber keine einzige Veröffentlichung über Kafka *und* Schmidt, nicht einmal einen klitzekleinen Aufsatz, und das ist kein Wunder, denn Kafka und Schmidt haben bekanntlich sehr unterschiedlich geschrieben, stilistisch knapp und symbolschwanger der eine, ausufernd und hart realistisch der andere. Wenn wir diese Beobachtung von der deutschen auf die irische Literatur des 20. Jahrhunderts zu übertragen versuchen, erleben wir eine Überraschung. Auch James Joyce und Samuel Beckett haben nämlich oberflächlich betrachtet so unterschiedlich geschrieben, daß eigentlich niemand auf die Idee hätte kommen können, sie in einen engen Zusammenhang zu stellen – es scheint sich eher um absolute Gegensätze zu handeln. So schrieb mir der Schweizer Schriftsteller Jürg Laederach einmal, als wir einen Briefwechsel über Joyce und die Welt führten:

> Mich macht die Grundästhetik sowieso wahnsinnig: der eine, Schoiss oder wie er heisst, Schoissel also schreibt literarisch perfekt „über alles schlechthin“. Der nächste, dieser Bäckert, schreibt literarisch ebenso perfekt „über nichts, vielleicht noch weniger“. Welche Positionen bleiben den Nachgeborenen noch übrig? Man muss sich in die Liffi stürzen in Döbling.[1]

Jürg Laederach, meine Damen und Herren, hat sich aber weder in Dublin in die Liffey noch in seiner Heimat Basel

---

[1] Jürg Laederach, Brief an Friedhelm Rathjen, 26. November 1990.

in den Rhein gestürzt, sondern einfach weitergeschrieben; auch ich brauche, wenn ich etwas über Joyce *und* Beckett erzählen soll, nicht vor Verzweiflung in die Spree zu springen, sondern höchstens in die Fluten der Sekundärliteratur. Tatsächlich gibt es trotz der offensichtlichen Gegensätzlichkeit von Joyce und Beckett ein riesiges Meer an Veröffentlichungen über den Zusammenhang der beiden. Der Grund dafür ist zweifellos die biographische Nähe – beide Schriftsteller waren Iren, und beide lebten in den 20er und 30er Jahren zeitweise in engem Kontakt miteinander in Paris. Wäre das nicht so gewesen, so wären mit einiger Sicherheit nicht gleich in den 50er Jahren, als Beckett berühmt wurde, etliche Kritiker und Literaturwissenschaftler auf die Idee gekommen, ihn mit Joyce in Zusammenhang zu bringen. Bevor ich Ihnen gleich einiges zum inneren Konnex zwischen Joyce und Beckett darlege, den es tatsächlich auch gibt, möchte ich Ihnen den biographischen Zusammenhang deswegen wenigstens kurz erläutern.

Am 31. Oktober 1928 trifft der 22jährige Samuel Beckett in Paris ein, um seine Stelle als Austauschlektor an der Ecole Normale Súperieure anzutreten. Becketts Professor hatte ihm diese Stelle eigentlich schon ein Jahr zuvor zuschanzen wollen, doch infolge eines Mißverständnisses war dem vorherigen Lektor die Stelle vorzeitig verlängert worden, und Beckett hatte die Zeit mit einer sehr unerquicklichen Tätigkeit an einem Internats-College in Belfast überbrücken müssen. Als er nun am letzten Oktobertag 1928 in Paris ankommt, sitzt der vorherige Lektor wider Erwarten immer noch in seinem Zimmer. Statt sich nun mit seinem Vorgänger über das Zimmer zu streiten, freundet Beckett sich sogleich mit dem Mann an. Es ist der schon 35jährige Thomas McGreevy – ein Ire wie Beckett, aber im Unterschied zu diesem katholisch, sozusagen ‚aus dem Volke stammend‘ und nationalistisch denkend, außerdem diskret homosexuell. McGreevy, der Gedichte schreibt und es später zum Direktor der Dubliner Nationalgalerie bringt, wird Becketts wichtigster Freund und Briefpartner für lange Jahre.

McGreevy macht Beckett nicht nur mit irisch-nationalistischem Gedankengut vertraut, mit dem der sich bis dahin kaum befaßt hat, sondern führt ihn auch in die Pariser Künstler- und Intellektuellen-Szene ein. McGreevy kennt alle und jeden, nicht zuletzt James Joyce, der seit einigen Jahren an seinem letzten Roman *Finnegans Wake* schreibt und sich dabei von einer ganzen Phalanx mehr oder weniger emsiger Helfer zur Hand gehen läßt. McGreevy ist einer dieser Helfer, er geht bei Joyce ein und aus, und Beckett nimmt er schon kurz nach dessen Eintreffen einfach mit zum Meister, den es immer freut, Leute aus der alten Heimat Dublin um sich zu versammeln, erst recht wenn sie gewillt sind, ihn anzuhimmeln. Beckett kennt bereits die frühen Joyce-Bücher *Dubliners* und *A Portrait of the Artist as a Young Man*; die Lektüre des *Ulysses* holt er rasch nach, und er kommt nicht umhin, Joyce sowohl als Autor als auch als Mensch sehr zu bewundern. So bleibt es nicht aus, daß auch Beckett schnell zum willigen Joyce-Helfer wird, und da er sich dabei nicht sonderlich blöde anstellt, stiftet Joyce ihn schon nach vier Wochen an, einen Essay über das im Entstehen begriffene und stark angefeindete *Finnegans Wake* zu schreiben. Das Thema gibt Joyce vor: Beckett, der wie Joyce selbst ein großer Dante-Verehrer ist, soll über den Einfluß von Dante sowie von Giordano Bruno und Giambattista Vico auf Joyce schreiben, was zunächst einmal Vorarbeiten erfordert. In seinem letzten Lebensjahr hat Beckett sich daran erinnert:

> Ich brachte viel Zeit zu mit Bruno- und Vicolektüre in der großartigen Bibliothéque der Ecole Normale. Wir

> hatten uns wohl unterhalten über die „Ewige Wiederkehr“, oder so was. Er mochte den Essay. Aber er bemerkte nur, daß nicht genug über Bruno drinsteht; er fand, daß Bruno ziemlich vernachlässigt sei. Das waren für mich damals alles neue Gestalten. Ich hatte sie nicht gelesen. Über Dante hatte ich natürlich gearbeitet.[2]

Becketts Essay „Dante ... Bruno . Vico .. Joyce“ erscheint 1929 in der englischsprachigen Pariser Avantgarde-Zeitschrift *transition*, und in der selben Nummer steht auch eine Erzählung von Beckett mit dem Titel „Assumption“; es sind Becketts erste Veröffentlichungen und damit auch Becketts erste Schritte auf dem Weg zu einer Schriftstellerlaufbahn, die er, bevor er Joyce kennenlernte, überhaupt nicht beabsichtigt hatte. Später sagte Beckett dazu:

> Als ich Joyce kennenlernte, hatte ich nicht vor, Schriftsteller zu werden. Das kam erst später, als ich herausbekam, daß ich überhaupt nicht zum Lehrer taugte. [...] Ich bewunderte ihn sehr. Etwas Episches, Heroisches, das war es, was er geleistet hatte. Ich erkannte aber auch, daß ich nicht denselben Weg gehen konnte.[3]

Vielleicht sollte man diese Aussage etwas umformulieren: Beckett entschied sich, daß er künstlerisch nicht denselben Weg gehen *wollte*; gekonnt hätte er womöglich schon, denn er lernte schnell, wie Joyce arbeitete, und darum war er sehr bald auch in der Lage, mit einem französischen Freund zusammen das Kapitel „Anna Livia Plurabelle“ aus *Finnegans Wake* ins Französische zu übersetzen. Beckett hatte zu dieser Zeit sogar vor, über Joyce und

---

[2] James Knowlson, *Samuel Beckett. Eine Biographie*, üb. v. Wolfgang Held (Frankfurt a.M.: Suhrkamp 2001), S. 138.

[3] Ebd., S. 145.

Proust zu promovieren, wovon seine Professoren allerdings nicht sonderlich begeistert waren, deshalb schrieb Beckett schließlich zwar ein Buch über Proust, aber nichts mehr über Joyce. Vielleicht hat ihn vor der allzu grenzenlosen Vereinnahmung durch Joyce dann auch die räumliche Distanz bewahrt, die sich nach knapp zweijähriger Bekanntschaft auf unangenehme Weise herstellt. Erstens läuft Becketts Lektorenstelle in Paris plangemäß aus, und er muß nach Dublin zurück und eine ungeliebte Dozentenstelle antreten, was ihn allerdings schnell anwidert – so beginnen seine Wanderjahre in England, Frankreich, Deutschland; und zweitens verliebt sich die Joyce-Tochter Lucia unglücklich in Beckett und hetzt, als sie abgewiesen wird, ihre Eltern gegen Beckett auf, bis dieser für ein Weilchen verstoßen wird. Der Bruch zwischen Beckett und Joyce wird zwar nach einiger Zeit gekittet, aber auf einen gewissen Abstand legt Beckett nun schon aus Eigeninteresse Wert. Erst Ende 1937, als Beckett endgültig nach Paris übersiedelt, werden die gemeinsamen Arbeitssitzungen und der freundschaftliche Umgang wieder aufgenommen, doch ist Beckett jetzt kein Novize mehr, sondern kann schon auf eigene Veröffentlichungen zurückblicken, mit denen er sich Schritt für Schritt auf fast planmäßige Weise von Joyce entfernt hat.

Diese Entfernung ist auch nötig, denn anfangs klingt in der Tat manches, was Beckett schreibt, nach Joyce. Als McGreevy im Juli ‘31 Becketts Erzählung „Sedendo et Quiescendo“ liest, befindet er sofort, Beckett sei „in den Joyce geraten, obwohl er es abstreitet“.[4] Kurz darauf schickt Beckett die fragliche Erzählung an den Verleger Prentice und gibt im Begleitschreiben zu: „Natürlich stinkt das Ganze nach Joyce trotz höchst ernster Bemü-

---

[4] Ebd., S. 177.

hung um meine eigene Duftnote."[5] Zu dieser Zeit läuft Beckett noch erfolglos der Aussöhnung mit Joyce hinterher, und vielleicht erklärt auch dieses Bemühen die Joyce-Ähnlichkeit der Texte: vielleicht will Beckett Joyce etwas beweisen. Als die Aussöhnung mit Joyce dann erfolgt ist, gelingen Beckett auch Texte, die nicht mehr so sehr nach nachgemachtem Joyce klingen. Im Juni 1932 betont Beckett in einem Brief: „Ich schwöre, ich will, bevor ich sterbe, über J.J. hinwegkommen. Jawohl."[6] Tatsächlich hat er gerade den Großteil seines ersten Romans *Dream of Fair to Middling Women* zu Papier gebracht, der auch eine Selbstdistanzierung zu Joyce ist; der Roman enthält unter anderem eine tolle Parodie auf den elegischen Schluß der Joyce-Erzählung „The Dead", und als Beckett später Teile des Romans, der sich nicht publizieren läßt, zum Erzählungsband *More Pricks than Kicks* umbaut, übernimmt er darein diese Parodie und unterstreicht auch mit seiner zunehmend eigenständiger werdenden Schreibweise, daß er keine Joyce-Kopie ist.

Anfang Januar 1938, nachdem Beckett endgültig nach Paris gezogen ist und seinen Kontakt mit Joyce erneuert hat, schreibt er an McGreevy zum Thema Joyce: „Ich empfinde jetzt keine Gefahr mehr in diesem Verhältnis. Er ist doch schlicht ein liebenswerter Mensch."[7] Joyce ist also Joyce und Beckett ist Beckett, und wenig scheinen sie künstlerisch nun miteinander zu tun zu haben. Nachdem Beckett erst einmal mit seinem eigenen Werk hervorgetreten ist, spricht er von Joyce nur noch, wenn er auf ihn angesprochen wird – was allerdings häufig geschieht, da sich bald herumspricht, daß die beiden in Paris Kontakt miteinander hatten; irgend jemand setzt sogar das irrige

---

[5] Ebd., S. 211.
[6] Ebd.
[7] Ebd., S. 372.

Gerücht in die Welt, Beckett sei der Sekretär von Joyce gewesen, ein Gerücht, das vermutlich nie wieder von dieser Welt getilgt werden kann, so sehr sich alle Joyce- und Beckett-Biographen auch darum bemühen. Und die Antworten, die Beckett auf jede Frage nach seinem Verhältnis zu Joyce gibt, unterstreichen immer die fundamentalen Unterschiede. „Joyce war ein Synthetiker", sagt er beispielsweise einmal, „ich bin ein Analytiker."[8] Einem 1956 verbreiteten, möglicherweise jedoch nicht authentischen Interview zufolge sagt er auch: „Je mehr Joyce wußte, um so mehr konnte er. Er strebt als Künstler nach Allwissenheit und Allmacht. Ich arbeite mit Ohnmacht und Unwissenheit."[9] Und seinem Biographen James Knowlson erläutert er ganz zu Ende seines Lebens: „Ich erkannte, daß Joyce, so weit es eben geht, vorgedrungen ist in Richtung des Mehr-Wissens, der Beherrschung seines Materials. Er fügte immer noch mehr dazu [...]. Ich erkannte, daß meine Eigenart in der Verarmung lag, im Mangel an Wissen und im Wegnehmen, im Abziehen eher als im Hinzufügen."[10] Beckett, so will er uns mit all dem bedeuten, schrieb ganz anders und ganz etwas anderes als Joyce.

Wenn trotz all dieser offensichtlichen Nichtähnlichkeit schon sehr früh und immer wieder von Kritikern und Literaturwissenschaftlern der Versuch unternommen worden ist, das Werk von Samuel Beckett mit dem Joyceschen zu vergleichen, so läßt sich immerhin sagen, der erste, der dies unternahm, scheint seltsamerweise Beckett selbst ge-

---

[8] Enoch Brater, *The Essential Samuel Beckett. An Illustrated Biography* (London: Thames & Hudson 2003), S. 136.

[9] Israel Shenker, „Moody Man of Letters", in *New York Times*, 6. Mai 1956, Sektion 2, S. 1/3, hier S. 3; zitiert nach Klaus Birkenhauer, *Samuel Beckett in Selbstzeugnissen und Bilddokumenten* (Reinbek bei Hamburg: Rowohlt 1971), S. 38.

[10] Knowlson, *Samuel Beckett*, a.a.O., S. 444 f.

wesen zu sein. Allerdings geht es ihm bei seinem Vergleich keineswegs um etwaige Parallelen, sondern eben gerade um die Unterschiede bzw. sogar die Gegensätze. In seinem inzwischen berühmten deutschsprachigen Brief an Axel Kaun spricht Beckett 1937 von dem Ziel, die Sprache auszuschalten, und von einer für ihn „sehr wünschenswerten Literatur des Unworts“[11]. Diese Apotheose des Unworts und der Wortlosigkeit sieht Beckett als einen völligen Kontrast zu dem, was Joyce macht:

> Mit einem solchen Programm hat meiner Absicht nach die allerletzte Arbeit von Joyce gar nichts zu tun. Dort scheint es sich vielmehr um eine Apotheose des Wortes zu handeln. Es sei denn, Himmelfahrt und Höllensturz sind eins und dasselbe. Wie schön wäre es, glauben zu können, es sei in der Tat so.[12]

In der Tat, wie schön wäre es – und an dieser Stelle bin ich stark versucht, Beckett zu widersprechen und darauf zu beharren, daß Himmelfahrt und Höllensturz eben doch „eins und dasselbe“ sein können.

Schützenhilfe beim Versuch, Beckett zu widerlegen, finde ich praktischerweise bei Beckett selbst: die Formulierung „eins und dasselbe“ erscheint nämlich, wiederum bezogen auf vermeintliche Gegensätze, noch ein weiteres Mal in seinem Werk, und dort wird ihre Gültigkeit dann nicht bestritten. In seinem Joyce-Essay „Dante ... Bruno . Vico .. Joyce“ bringt Beckett das Prinzip der *Coincidentia Oppositorum* Giordano Brunos auf den Punkt:

> There is no difference, says Bruno, between the smallest possible chord and the smallest possible arc,

---

[11] Samuel Beckett, „German Letter of 1937“, in *Disjecta. Miscellaneous Writings and a Dramatic Fragment*, hg. v. Ruby Cohn (London: Calder 1984), S. 51-57, hier S. 54.

[12] Ebd., S. 53.

> no difference between the infinite circle and the straight line. The maxima and minima of particular contraries are one and indifferent.[13]

> Es besteht kein Unterschied, sagt Bruno, zwischen der kleinstmöglichen Sehne und dem kleinstmöglichen Bogen, kein Unterschied zwischen dem unendlichen Kreis und der Geraden. Die Maxima und Minima einzelner Gegensätze sind eins und unterschiedslos.[14]

Damit ist also ein Modus gefunden, dem zufolge „Himmelfahrt und Höllensturz" doch „eins und dasselbe" sind; Beckett erläutert das und geht noch weiter:

> Minimal heat equals minimal cold. Consequently transmutations are circular. The principle (minimum) of one contrary takes its movement from the principle (maximum) of one another. Therefore not only do the minima coincide with the minima, the maxima with the maxima, but the minima with the maxima in the succession of transmutations. Maximal speed is a state of rest. The maximum of corruption and the minimum of generation are identical: in principle, corruption is generation.[15]

> Minimale Hitze gleicht minimaler Kälte. Folglich sind Transmutationen kreisförmig. Das Prinzip (Minimum) des einen Gegensatzes nimmt seinen Ausgang von dem Prinzip (Maximum) eines anderen. Deshalb fallen nicht nur die Minima mit den Minima zusammen und

---

[13] Samuel Beckett, „Dante ... Bruno . Vico .. Joyce" [englisch], in *Disjecta*, a.a.O., S. 19-33, hier S. 21.

[14] Samuel Beckett, „Dante ... Bruno . Vico .. Joyce" [deutsch], üb. v. Erika u. Elmar Tophoven, in *Stücke Kleine Prosa. Auswahl in einem Band* (Frankfurt a.M.: Suhrkamp 1967), S. 7-29, hier S. 11.

[15] Beckett, „Dante ... Bruno . Vico .. Joyce" [englisch], a.a.O., S. 21.

> die Maxima mit den Maxima, sondern in der Aufeinanderfolge von Transformationen auch die Minima mit den Maxima. Maximale Geschwindigkeit ist ein Zustand der Ruhe. Das Maximum an Verfall und das Minimum an Zeugung sind identisch: im Prinzip ist Verfall Zeugung.[16]

Das Prinzip, um das es hier geht, ist das Prinzip der Identität von Gegensätzen; es geht ursprünglich auf eine Denkfigur von Nikolaus Cusanus zurück und wurde genau von jenem Giordano Bruno weiterentwickelt, mit dem Beckett sich im Joyceschen Auftrag zu beschäftigen hatte. Zumindest metaphorisch ließe sich aus diesem Prinzip der *Coincidentia Oppositorum* eine treffende Beschreibung des Verhältnisses Joyce/Beckett ableiten: ‚Das Prinzip (Minimum) Becketts nimmt seinen Ausgang von dem Prinzip (Maximum) von Joyce: im Prinzip ist Beckett Joyce.‘ Diese Metapher meint dann: Becketts Werk steht dem Joyceschen allem Anschein nach diametral entgegen, aber eben diese Gegensätzlichkeit entspringt Becketts engem Zusammenhang mit Joyce. Der immense Joycesche Einfluß auf den Jüngeren manifestiert sich zuvorderst nicht in direkten Joyce-Spuren, die bei Beckett zu finden wären, sondern gerade in der Abwesenheit oberflächlicher Gleichartigkeiten. Ein Ausgangspunkt für Becketts Schaffen war Joyce nicht in dem Sinne, daß er ihm den Weg gewiesen hätte, sondern vielmehr in dem Sinne, daß Beckett begriff, war er unter allen Umständen vermeiden mußte: einen Bogen zu schlagen hatte er um die Joycesche „Apotheose des Wortes“, wollte er etwas Eigenes, Neues schaffen. Becketts Oeuvre ist deshalb durch ein Umkehrverhältnis mit dem Joyceschen verbunden: je

---

[16] Beckett, „Dante ... Bruno . Vico .. Joyce“ [deutsch], a.a.O., S. 12; zur Verdeutlichung behutsam nachbearbeitete Übersetzung.

größer der Eindruck war, den Joyce auf Beckett machte, desto mehr mußte er bei Beckett zu Auslassungen und Unterlassungen führen, und aus diesem Grunde sind in dem von literarischen Anspielungen übersäten Werk Becketts die Anspielungen auf Joyce, die es darin auch gibt, immer besonders gut versteckt.

Die Vermeidungsstrategien, die hier greifen, stellen eine aktive und bewußte Art und Weise dar, mit dem Ausgangspunkt Joyce umzugehen, und in der Tat ist sich die Beckett-Forschung weithin einig, daß Beckett in den frühen 30er Jahren trotz seiner großen Bewunderung für Joyce jede sich bietende Gelegenheit ergriff, dessen Einfluß etwas entgegenzusetzen. Bewußte Abgrenzungsversuche finden wir, wie schon erwähnt, bereits in Becketts erstem, erst nach seinem Tod veröffentlichtem Roman *Dream of Fair to Middling Women*. Zwar enthält der Roman einige Passagen, in denen Beckett sich mehrsprachiger Klangcluster und Kalauertechniken à la *Finnegans Wake* bedient, so etwa in jenem Abschnitt, der bereits 1932 unter dem Titel „Sedendo et Quiescendo“ in der Zeitschrift *transition* erschienen war; dessen Ende liest sich so:

> Here we are. Out we get. Step around. Thank you dear. You put on the light. Up we go. Out of step. Randygasp of ruthilarity in honour of private joke. Here we are. There they are. Hello hello. Great to be here. Grand to be here. Same old Wohnung. Wunnerful to be here. Prosit. God bless. Lav on the left. Won't be a sec. Mind the bike. Mind the skis. Beschissenes Dasein beschissenes Dasein Augenblick bitte beschissenes Dasein Augenblickchen bitte beschissenes[17]

---

[17] Samuel Beckett, *Dream of Fair to Middling Women*, hg. v. Eoin O'Brien u. Edith Fournier (Dublin: Black Cat Press 1992), S. 73 f. –

An anderer Stelle beginnt Beckett jedoch im selben Roman, sich plakativ von Joyce zu distanzieren. Einmal macht Beckett sich über das Aufhebens lustig, das um den sogenannten inneren Monolog gemacht wird, als dessen Erfinder Joyce gemeinhin gilt[18], und dann ist da ja auch noch die bereits erwähnte Parodie auf den berühmten Schluß der Joyce-Erzählung „The Dead“, in der die Vorlage regelrecht gewendet wird: aus Schnee wird Regen, aus Sentiment Sarkasmus.

Wichtiger noch, was die Strategie der Absetzung von Joyce anbetrifft, war die intensive Beschäftigung Samuel Becketts mit dem Joyceschen Rivalen Marcel Proust. Becketts erstes ‚richtiges‘ Buch (nach dem bibliophilen Pressendruck des 98-Zeilen-Gedichts *Whoroscope* von 1930), der 1931 in London erschienene Essay *Proust*, war der einzige ‚akademische‘ Ertrag von Becketts Lektorenzeit in Paris, die ansonsten durch diverse Tätigkeiten für Joyce bestimmt wurde: schon dieser zeitliche Zusammenhang deutet an, daß die Hinwendung zu Proust auch der Versuch war, den vereinnahmenden Joyce-Einfluß zu konterkarieren. Proust wurde nun seinerseits zu einem mächtigen Einfluß auf Beckett, wobei sich dieser Einfluß allerdings leichter kanalisieren und relativieren ließ als der Joycesche. Zum einen war es so, daß Becketts Bewun-

---

Der bereits 1931 geschriebene Text „Sedendo et Quiescendo“, mit dem dieser Absatz endet, wurde unter dem fehlerhaften Titel „Sedendo et Quiesciendo“ erstveröffentlicht in *transition* 21 (März 1932), S. 13-20. – Ein sprachlich noch dichter komponiertes, allerdings auch wesentlich kürzeres Prosastück im Stile von *Finnegans Wake* ist das ebenfalls in den *Dream*-Roman eingegangene Fragment „Text“, erstpubliziert in *The New Review*, April 1932, S. 57. Zu den beiden Texten sowie zu weiteren frühen Versuchen Becketts, durch stilistische und technische Übernahmen von Joyce zu lernen, vgl. Barbara Reich Gluck, *Beckett and Joyce. Friendship and Fiction* (Lewisburg: Bucknell University Press 1979), S. 41-69.

18 Ebd., S. 45.

derung für Prousts *A la recherche du temps perdu* keineswegs so ungebrochen war wie die für Joyce; Beckett stand einigen Teilen des Werks äußerst kritisch gegenüber und brachte in seinem Arbeitsexemplar des Großromans einige recht rüde Randeinträge an, etwa ein heftiges „Balls“[19]. Zum anderen war Becketts Interpretation des Proustschen Werkes eine durchaus eigen-willige, von kreativen Mißverständnissen und Verzerrungen geprägte, die also dem jungen Autor in spe mehr Raum zur Entfaltung seiner künstlerischen Eigenständigkeit gewährte.

In seinem eigenen Werk konnte Beckett Prousts Erinnerungskonzept in der Radikalisierung ganz und gar umdrehen: an dem Proustschen „Wunder“ der unwillkürlichen Erinnerung ist Beckett nicht nur nicht interessiert, sondern er entwickelt Strategien, es geradezu zu vermeiden. Proust hat Beckett beigebracht, daß Wiederholung und Ritualisierung das „köstliche Verbrennen“ als höchste Qualität des Lebens zerstören; Beckett hat daraus am Ende den folgerichtigen Schluß gezogen, daß Wiederholung und Ritualisierung die einzigen Mittel sind, um sich von den als traumatisch und gar nicht als köstlich empfundenen Schmerzen des Lebens zu befreien.

Im Falle des Joyceschen Einflusses hingegen war kein Raum für eine simple Strategie des Radikalisierens und Umkehrens, denn Joyce selber betrieb schon die äußerste denkbare Radikalisierung seiner Schreibweisen, und einfach auf den Kopf stellen ließ er sich auch nicht. Wollte Beckett keine bloße Joyce-Kopie, kein reiner Epigone sein, so mußte er sich zum einen eingestehen, daß Joyce

---

[19] Mitgeteilt von Nicholas Zurbrugg, „Beckett, Proust, and ‘Dream of Fair to Middling Women’“, in *Journal of Beckett Studies* 9 (1984), S. 43 f. (Anlaß für den genannten Kommentar war der Glaube von Prousts Erzähler, sein Roman gewähre dem Leser die Möglichkeit, „in sich selbst zu lesen“).

auf dem von ihm verfolgten Weg schon bis zum Ende vorgedrungen war, und deshalb zum anderen einen eigenen Weg einschlagen, der dem Joyceschen diametral entgegenstand.

Der Weg, den Beckett ging, war mithin Resultat der Aussichtslosigkeit, dem Joyceschen Weg zu folgen; die Radikalität, mit der Joyce sich in die eine Richtung bewegte, verursachte eben jene Radikalität, mit der Beckett sich in die entgegengesetzte bewegte. David Hayman ist deshalb beizupflichten, wenn er meint, die Frage nach dem Zusammenhang zwischen Joyce und Beckett sei ein vorzüglicher Testfall für Harold Blooms bekannte Thesen von der *Anxiety of Influence* und dem kreativen „misreading"[20] – Blooms Theorie zufolge äußert sich literarischer Einfluß oft ja gerade in Abweichungen und Absetzungen.[21] Allerdings wäre dabei eine differenzierte Handhabung der Bloomschen Leitformeln vonnöten: die „anxiety of influence" und das „creative misreading" gehen gleichermaßen auf seine Thesen zurück, doch „creative misreading" bezeichnet unübersehbar die mangelnde Befähigung, eine Linie weiterzuführen, während „anxiety of influence" auch ein willentliches Durchbrechen dieser Linie bezeichnen kann. Von einer solchen willentlichen Entscheidung ist im Fall des Verhältnisses Joyce/Beckett auszugehen – die Distanz ist also Absicht.

Was das heißt, wird deutlicher, wenn wir Becketts Weise der Reaktion auf Joyce mit Arno Schmidts Reaktionsweise vergleichen. Schmidt, Jahrgang 1914, las Joyce erst 1956, also zu einem Zeitpunkt, als er sein eigenes Literaturkonzept schon weitgehend entwickelt hatte. Sowohl

---

[20] David Hayman, „Joyce ➔ Beckett / Joyce", in *Journal of Beckett Studies* 7 (Frühling 1982), S. 101-107, hier S. 101.

[21] Vgl. Harold Bloom, *Einflußangst. Eine Theorie der Dichtung*, üb. v. Angelika Schweikhart (Basel: Stroemfeld 1995).

Ulysses als auch *Finnegans Wake* hinterließen einen enormen Eindruck bei Schmidt und spielten bei der nachfolgenden Richtungsänderung der Schmidtschen Prosapraxis und -theorie eine Rolle, doch lief Schmidt nie wirklich Gefahr, seine Eigenständigkeit dabei einzubüßen. Zwar hatte er offensichtlich die Befürchtung, dies könne doch der Fall sein, und hielt Joyce vermittels verschiedener Diskreditierungsstrategien auf Distanz, aber er bewies dabei unbeabsichtigt doch immer wieder, daß er nicht wirklich zu begreifen in der Lage war, was Joyce in *Finnegans Wake* machte. Arno Schmidts Umgang mit Joyce wäre ein überaus beispielhafter Fall dessen, was Harold Bloom „creative misreading" nennt.

Beckett hingegen ‚verlas' sich offenbar nicht bei der Joyce-Lektüre; er war schon aufgrund seiner persönlichen Bekanntschaft mit Joyce mit dessen Produktionsweise weitgehend vertraut, und Joyce hielt ihr für den begabtesten seiner Helfer[22]. So ergibt sich ein seltsames Überkreuzverhältnis: Beckett, der die Joyceschen Ziele und Verfahrensweisen so genau kannte und verstand, entfernte sich von Joyce, wohingegen Arno Schmidt, der fundamentale Prinzipien der Joyceschen Arbeitsweise mißverstand und auch seine partiellen Abneigungen nicht verhehlen konnte, sich zusehends auf Joyce zu bewegte und in der Auseinandersetzung mit ihm seine eigenen Schreibweisen vorantrieb.

Warum das so ist, deutet Schmidt 1970 in einem Interview an: er sei bei seiner ersten Joyce-Lektüre schon fortgeschrittenen Alters und „praktisch schon Arno Schmidt" gewesen[23]; sein künstlerisches Selbstverständnis hatte sich also schon weit genug entwickelt, um ohne Schaden auch

---

[22] Knowlson, *Samuel Beckett*, a.a.O., S. 141.

[23] Mitgeteilt von Gunar Ortlepp, „APROPOS: AH!; PRO=POE", in *Der Spiegel*, 20. April 1970, S. 228.

massive neue Fremderfahrungen aufnehmen zu können. Beckett war in diesem Sinne noch nicht Samuel Beckett, als er Joyce kennenlernte: er hatte noch kein eigenes Werk und kein künstlerisches Selbstverständnis vorzuweisen, in das der mächtige Einfluß sich hätte einfügen können. Als einer der verständigsten Helfer von Joyce (und der einzige, der selber zum Schriftsteller werden sollte) hätte Beckett womöglich als eine Art Joyce-Imitator eine gewisse Virtuosität erreichen können; wollte er aber etwas wirklich Eigenes schaffen, so mußte er das Wagnis eingehen, etwas ganz und gar anderes als Joyce zu machen.

Becketts Verhältnis zu Joyce zeichnet sich deswegen durch Strategien der Vermeidung, Verneinung, Zurücknahme, Falsifikation und Negation aus. Man könnte sagen, Becketts Werk negiere die Existenz des Joyceschen; Beckett falsifiziert die Joycesche Allmacht des Wortes; er nimmt die Akkumulationsstrategien von Joyce zurück und verneint die Joycesche Führerschaft. Nun werden aber genau diese Strategien des Umgangs mit dem übermächtigen Erblasser – Negativität, Falsifikation, Zurücknahme und Verneinung – späterhin zu fundamentalen Kennzeichen des Beckettschen Schaffens überhaupt. Becketts Gesamtwerk vom Roman *Watt*, den er wenige Tage nach dem Tod von Joyce zu schreiben beginnt, bis zu der Gedicht-Selbstübersetzung „what is the word“, mit der Becketts Werk endet, entspringt dem Impuls, dadurch weiterzumachen, daß alle Möglichkeit zum Weitermachen geleugnet wird, dem Impuls, die Wirklichkeit durch die Falsifikation ihrer Phänomene zu definieren. Insofern läßt sich sagen, daß die Reaktionsmodi, die Beckett zur Überwindung des Joyceschen Einflusses entwickeln mußte, zur Initialzündung des Beckettschen Schaffens werden.

Der Beispiele für Negativität, Falsifikation und Aufhebung in Becketts Texten sind unzählige, und die Forschung hat sich damit ausgiebig beschäftigt. Einer der Experten für Negativität bei Beckett ist Wolfgang Iser, der die Negativität allerdings nicht mit Becketts Joyce-Rezeption in Verbindung bringt, sondern sie innerhalb eines rezeptionsästhetischen Ansatzes diskutiert. Um so bemerkenswerter erscheint es, daß Isers Ausgangspunkt meinem Deutungsansatz sehr zupaß kommt. Iser gründet seinen Essay „Die Figur der Negativität in Becketts Prosa" auf Jean-Paul Sartres Bemerkung, die Negativität als Prinzip der Literatur zeige sich als „eine konkrete Negativität, die für sich behält, was sie leugnet, und ganz und gar davon gefärbt wird."[24] Eine konkrete Negativität ganz in diesem Sinne ist auch die scheinbare Abwesenheit des Joyceschen Einflusses in Becketts Werk – der Joycesche Einfluß bleibt gänzlich unter der Oberfläche, wird von dieser Oberfläche regelrecht geleugnet und hat doch das Beckettsche Werk ‚ganz und gar gefärbt'.

Becketts Gesamtwerk in seiner chronologischen Entwicklung ist eine Abfolge von Zurücknahmegesten, auch der Zurücknahme des Zurücknehmens; jede einmal gewonnene Position wird in der Folge noch wieder hintergangen. Eine in diesem Sinne typische Passage ist die folgende aus dem Roman *The Unnamable*:

> But what is the good of talking about what they will do as soon as Worm sets himself in motion so as to gather him without fail into their midst, since he cannot set himself in motion, though he often desires to, if when speaking of him one may speak of desire, and one may not, one should not, but there it is, that is the way to speak of him, that is the way to speak to him, as if he

---

[24] Jean-Paul Sartre, *Was ist Literatur?*, üb. v. Hans Georg Brenner (Hamburg: Rowohlt 1958), S. 45; zitiert nach Wolfgang Iser, „Die Figur der Negativität in Becketts Prosa", in Hans Mayer u. Uwe Johnson (Hg.), *Das Werk von Samuel Beckett. Berliner Colloquium* (Frankfurt a.M.: Suhrkamp 1975), S. 54-68, hier S. 54.

> were alive, as if he could understand, as if he could desire, even if it serves no purpose, and it serves none[25]

> Aber wozu von dem sprechen, was sie tun werden, sobald Worm sich in Bewegung setzen wird, um ihn unfehlbar zu sich zu gängeln, wenn er sich nicht in Bewegung setzen kann, obgleich er oft Lust dazu hat, falls man in seinem Falle von Lust sprechen kann, und man kann es nicht, man sollte es nicht, aber gerade so muß man von ihm sprechen, gerade so muß man zu ihm sprechen, als ob er lebte, als ob er begreifen könnte, selbst wenn es zu nichts dient, und es dient zu nichts.[26]

Hier wird praktisch jede Formulierung in dem Moment, in dem sie entsteht, schon wieder zurückgenommen, und das ist sehr typisch für Beckett. Die erste der vielen Zurücknahmegesten Becketts aber war die Zurücknahme dessen, was Joyce machte, und dadurch wird Becketts Tendenz zur Zurücknahme, die ihn vom Joyceschen Einfluß abschneidet, selbst zu einem indirekten Joyceschen Einfluß. Beckett brachte sein Werk voran, indem er sich systematisch seiner eigenen Möglichkeiten beschnitt, und die erste Möglichkeit, die er sich versagte, war die Joycesche Option. Insofern ist Becketts Methode, sich aller Ausdrucksmöglichkeiten zu berauben und sich dennoch der „obligation to express“[27] / „dem Zwang, auszudrücken“[28] zu

---

25 Samuel Beckett, *The Unnamable*, in *The Beckett Trilogy* (London: Pan / Picador 1979), S. 265-382, hier S. 329.

26 Samuel Beckett, *Der Namenlose*, üb. v. Elmar Tophoven (Frankfurt a.M.: Suhrkamp 1995), S. 98.

27 Samuel Beckett, „Three Dialogues“, in *Disjecta*, a.a.O., S. 138-145, hier S. 139.

28 Samuel Beckett, „Drei Dialoge“, üb. v. Dieter Mettler, Hartmut Engelhardt, Elmar u. Erika Tophoven, in *Das Gleiche nochmal anders. Texte zur Bildenden Kunst*, hg. v. Michael Glasmeier u. Gaby Hartel (Frankfurt a.M.: Suhrkamp 2000), S. 50-60, hier S. 51.

stellen, eine Folge seiner uranfänglichen Zwangslage, sich dem Joyceschen Einfluß stellen und ihn gleichzeitig negieren zu müssen.

Indem er dem Maximierer Joyce auswich, mußte Beckett zum großen Minimierer werden, womit wir wieder bei Brunos *Coincidentia Oppositorum* sind: „Das Prinzip (Minimum) des einen Gegensatzes nimmt seinen Ausgang von dem Prinzip (Maximum) eines anderen“. Brunos Grundmodell verbindet Joyce und Beckett von Anfang an, denn der Essay, in dem Beckett dieses Modell vorstellt, stammt zwar aus seiner Feder, beschäftigt sich aber mit *Finnegans Wake* und entstand unter Joycescher Anleitung und Oberaufsicht. Das heißt nun nicht, daß Beckett selbst nicht hinter Brunos Prinzip gestanden hätte; noch 1955 betont Beckett in einem Brief, die Art und Weise, wie bei Joyce die Form des Urteils mehr und mehr den eigenen Wesenskern aufgefressen habe, sei eine, die mit Brunos Ineinssetzung von Gegensätzen übereinstimme.[29]

James Joyce hat, als er seiner skeptischen Mäzenin Harriet Shaw Weaver das entstehende *Finnegans Wake* nahezubringen suchte, auf Bruno hingewiesen und dessen Bedeutung so erläutert: „His philosophy is a kind of dualism – every power in nature most evolve an opposite in order to realize itself and opposition brings reunion etc. etc.“[30] / „Seine Philosophie ist eine Art Dualismus – jede Kraft in der Natur muß ihr Gegenteil entwickeln, um sich selbst zu verwirklichen, und Gegensätzlichkeit führt zu Wiedervereinigung etc. etc.“[31] Zugrunde liegt Brunos

---

[29] Mitgeteilt von David Hayman, „A Prefatory Note“, in *James Joyce Quarterly* 8.4 (Sommer 1971), S. 276.

[30] *Letters of James Joyce* [Bd. I], hg. v. Stuart Gilbert (New York: Viking Press 1957), S. 224 (Brief v. 27.1.25).

[31] James Joyce, *Briefe II*, hg. v. Richard Ellmann, üb. v. Kurt Heinrich Hansen (Frankfurt a.M.: Suhrkamp 1970), S. 1020 (Brief vom 27.1.25).

Prinzip in *Finnegans Wake* unter anderem dem leitmotivischen Dualismus von Begräbnis und Wiederauferstehung sowie der Paarung der beiden ungleichen Brüder Shem und Shaun, die ständig Einzelheiten ihrer Persönlichkeiten austauschen und in der Vaterinstanz HCE vereint sind; explizit an die Textoberfläche schießt Bruno an Stellen wie dieser:

> The hilariohoot of Pegger's Windup cumjustled as neatly with the tristitone of the Wet Pinter's as were they *isce et ille* equals of opposite, evolved by a onesame power of nature or of spirit, *iste*, as the sole condition and means of its himundher manifestation and polarised for reunion by the symphysis of their antipathies.[32]

> Das Helachrichtatuten von Peggers Windzeugsnis cumjodelte so rein mit dem Tiristitönen vom wässrigen Pinternis überrein als wärn sie *isce et ille* Gleichheiten von Gegensätzen, hervorgegangen aus einer einsgleichsamen Macht der Natur oder des Geistes, *iste*, als das alleinige Bedingende und Mittel seiner hihmundhihren Manifestation und polarisiert für die Wiedervereinigung durch die Symphisis ihrer Antipathien.[33]

Oder:

> When himupon Nola Bruno monopolises his egobruno most unwillingly seses by the mortal powers alionola equal and opposite brunoipso, id est, eternally provoking alio opposite equally as provoked as Bruno at being eternally opposed by Nola.[34]

---

[32] James Joyce, *Finnegans Wake* (London: Faber 1975), 92.6-11.

[33] James Joyce, *Winnegans Fake. Aus dem Spätwerk*, hg. u. üb. v. Friedhelm Rathjen (Südwesthörn: Edition ReJoyce 2012), S. 69.

[34] Joyce, *Finnegans Wake*, a.a.O., 488.7-11.

> Als eraufhin Nola Bruno monopolisiert ersennt sein egobruno unwillentlich anhand der sterbtödlichen Kräfte allionola egal und oppositzlich brunoipso, id est, ewiglich hrausfordernd alio oppositz egaliglich als wie herausgefordert als wie Bruno als beim ewiglich von Nola opponiert sein.[35]

Noch wichtiger sind die Konsequenzen des Brunoschen Prinzips für die mehrschichtige Sprachhandhabung in Joycens Roman: die Sätze neigen stets dazu, sich zu widersprechen, und tragen oft genug ihr genaues Gegenteil schon in sich.

Der Joyce- und Beckett-Forscher David Hayman hat bereits darauf hingewiesen, daß auch bei Beckett Brunos Prinzip häufig präsent ist, beispielsweise in *Murphy*: dessen Titelheld sucht nach einem kosmischen Chaos namens Ordnung, findet Geist bei den Geisteskranken und Keuschheit bei einer Hure namens Celia.[36] Weitere Beispiele in großer Zahl finden sich in praktisch allen Beckett-Texten von den späten 20er bis in die 80er Jahre. Gleich die erste Erzählung „Assumption", die gleichzeitig mit dem Joyce-Essay in *transition* erscheint, beginnt mit einem Satz, der sich als Umsetzung des Prinzips ineinsfallender Gegensätze lesen läßt: „He could have shouted and could not."[37] / „Er hätte schreien können und konnte es nicht." 1937 schrieb Beckett das folgende titellose Gedicht:

---

[35] Joyce, *Winnegans Fake*, a.a.O., S. 177.

[36] David Hayman, „Some Writers in the Wake of the Wake", in ders. u. Elliott Anderson (Hg.), *In the Wake of the Wake* (Madison: University of Wisconsin Press 1978), S. 3-38, hier S. 15.

[37] Samuel Beckett, „Assumption", in *The Complete Short Prose, 1929-1989*, hg. v. S. E. Gontarski (New York: Grove Press 1995), S. 3-7, hier S. 3.

they come
different and the same
with each it is different and the same
with each the absence of love is different
with each the absence of love is the same[38]

sie kommen
andere und gleiche
bei jeder ist es anders und ist es gleich
bei jeder ist das Fehlen der Liebe anders
bei jeder ist das Fehlen der Liebe gleich[39]

Das Dramolett *A Piece of Monologue* enthält diesen paradoxen Widerspruch: „None now. No. No such thing as none.“[40] / „Gar nicht jetzt. Nein. Sowas wie gar nicht gibt es nicht.“[41] In *Worstward Ho*, 1981 entstanden, stehen unzählige Passagen folgender Art: „The say? The said? Same thing. Same nothing. Same all but nothing.“[42] / „Das Sagen? Das Gesagte? Dasselbe. Dasselbe nichts. Dasselbe alles andre als nichts.“[43] Und, wiederum aus *The Unnamable*, ein letztes Beispiel: „one could multiply the examples, it would even be an excellent idea, but there it is, one can't.“[44] / „man könnte die Beispiele vermehren, es

---

38 Samuel Beckett, „they come“, in *Collected Poems 1930-78* (London: Calder 1984), S. 41.

39 Samuel Beckett, „sie kommen“, üb. v. Elmar Tophoven, in *Gedichte* (München: Limes 1959), S. 55.

40 Samuel Beckett, *A Piece of Monologue*, in *The Complete Dramatic Works* (London: Faber 1986), S. 423-29, S. 426.

41 Samuel Beckett, *Ein Stück Monolog*, üb. v. Erika u. Elmar Tophoven, in *Szenen Prosa Verse* (Frankfurt a.M.: Suhrkamp 1995), S. 115-122, hier S. 119.

42 Samuel Beckett, *Worstward Ho* (London: Calder 1983), S. 37.

43 Samuel Beckett, *Aufs Schlimmste zu*, üb. v. Erika Tophoven-Schöningh, in *Dante und der Hummer. Gesammelte Prosa* (Frankfurt a.M.: Suhrkamp 2000), S. 333-351, hier S. 347.

44 Beckett, *The Unnamable*, a.a.O., S. 343.

wäre sogar eine ausgezeichnete Idee, aber es ist halt so, man kann es nicht.“[45]

Auffällig ist, daß Beckett – im Gegensatz zu Joyce – das Prinzip der Koinzidenz von Gegensätzen in negativen Ausdrücken anwendet: die Liebe fehlt, alles ist nichts, die Möglichkeiten sind Unmöglichkeiten. Eine negierende Beziehung zwischen allen identischen Gegensätzen ist der Beckettschen Anwendung von Brunos Prinzip wesentlich; in „The Calmative“ heißt es dazu: „All I say cancels out, I'll have said nothing.“[46] / „Alles, was ich sage, hebt sich auf, ich werde nichts gesagt haben.“[47] Hier zeigt sich die eigentliche Differenz zwischen Joyce und Beckett, eine Differenz, die die aus Brunos Prinzip zu ziehenden Schlußfolgerungen betrifft.

Wenn Gegensätze identisch sind, so heißt das einerseits, daß wir, wenn wir zu einem Wirklichkeitspartikel greifen, auch dessen Gegenteil haben, und daß wir, wenn wir beide Gegensätze verbinden und eine Reihe solcher Gegensatzpaare aufeinander häufen, eine ganze Welt akkumulieren können; dies ist es, was Joyce in *Finnegans Wake* tut. Wenn Gegensätze identisch sind, so heißt das andererseits aber auch, daß wir, wenn wir uns von einem bestimmten Wirklichkeitsausschnitt lossagen wollen, dies erfolgreich keineswegs dadurch tun können, daß wir uns einfach an das Gegenteil halten: wir sind in einem Dilemma gefangen, und der einzige Ausweg besteht darin, zwischen den beiden Gegensätzen zu oszillieren und einen Ausweg hin zu dem zu suchen, was dahinter oder darüber liegt: dies ist Becketts Situation, wenn er – in seinem

---

45 Beckett, *Der Namenlose*, a.a.O., S. 118.

46 Samuel Beckett, „The Calmative“, in *Collected Shorter Prose 1945-1980* (London: Calder 1984), S. 35-49, hier S. 36.

47 Samuel Beckett, „Das Beruhigungsmittel“, üb. v. Elmar Tophoven, in *Erzählungen* (Frankfurt a.M.: Suhrkamp 1995), S. 71-92, hier S. 74.

deutschsprachigen Brief von 1937 – danach trachtet, ein „Loch nach dem andern in [die Sprache] zu bohren, bis das Dahinterkauernde, sei es etwas oder nichts, durchzusickern anfängt“[48]. Angesichts eines gegebenen Gegensatzpaares entscheidet sich Joyce, beide Pole in sein Werk einzubauen und so das ganze Spektrum der dazwischenliegenden Möglichkeiten einzufangen (ganz so wie Shakespeare, wenn er diametral entgegengesetzte Charaktere auf ein und dieselbe Bühne stellte), wohingegen Beckett in der selben Situation beide Gegensatzpaare auszuschließen und zu jenen ungreifbaren Realitätssphären vorzudringen trachtet, die sich nur in Begriffen der Negation ausdrücken lassen. Folglich steht das selbe Prinzip – nämlich das Brunosche – hinter dem Gegensatzpaar, das die Beckett-Kennerin Ruby Cohn herausgearbeitet hat – sie spricht davon, daß Joyce das ganze Wissen, die ganze Erfahrung, die ganze Sprache zu umfassen suche, während Beckett das ganze Wissen, die ganze Erfahrung, die ganze Sprache und sogar die kartesianische Traditionslinie des Zweifels noch in Zweifel ziehe.[49]

Die Joycesche Umfassungsstrategie bei der Anwendung des Prinzips der Identität von Gegensätzen ist ein „sowohl als auch“: alle Seiten werden gleichermaßen einbezogen. Becketts Strategie ist ein „weder noch“, ein „neither“: möglichst viel wird ausgeschlossen. Sinnigerweise gibt es von Beckett einen Text aus dem Jahre 1976 namens „neither“, den wir als einen von Becketts offensten Kommentaren zu seinen Schlußfolgerungen aus Brunos Prinzip lesen können:

---

[48] Beckett, „German Letter of 1937“, a.a.O., S. 52.

[49] Ruby Cohn, „Joyce and Beckett, Irish Cosmopolitans“, in *James Joyce Quarterly* 8.4 (Sommer 1971), S. 385-391, hier S. 391.

to and fro in shadow from inner to outer shadow

from impenetrable self to impenetrable unself
by way of neither

as between two lit refuges whose doors once neared
gently close, once turned away from
gently part again

beckoned back and forth and turned away

heedless of the way, intent on the one gleam
or the other

unheard footfalls only sound

till at last halt for good, absent for good
from self and other

then no sound

then gently light unfading on that unheeded
neither

unspeakable home[50]

Dies ist Becketts Streben gewissermaßen in der Nußschale: sein Streben nach einem Zustand des Dazwischen-Seins, nach einer Art Niemandsland zwischen den (identischen) Gegensatzpaaren von Licht und Dunkel, von Selbst und Nichtselbst, von Leben und Tod, von Sprache und Stummsein. Der unsprechbare, unbenennbare Zustand des „weder noch“ ist Becketts Art und Weise, das Prinzip von

---

50 Samuel Beckett, „neither”, in *Journal of Beckett Studies* 4 (1979), S. vii, unter Berücksichtigung einer Ergänzung aus dem Editorial von *Journal of Beckett Studies* 5 (1980), S. 6 . – Der Neuabdruck in Samuel Beckett, *As the Story was Told. Uncollected and Late Prose* (London: Calder 1990), S. 108 f., ist (wie auch andere Texte in dieser Sammlung) korrupt.

der Identität von Gegensätzen ins Werk zu setzen: als eine Art Lücke oder Auslassung oder Leerstelle. Diese Lücke läßt sich in Worten nicht direkt ausdrücken, da es sich um ein leeres Nichts handelt, dessen einzige Definition es ist, daß es sich weder um ein Etwas noch um dessen Gegenteil handelt. Die einzige Möglichkeit, diese Lücke zu inventarisieren – und dies ist die Möglichkeit, um die sich Becketts Œuvre stetig bemüht –, liegt darin, deren unsprechbare Residuen durch ein ständiges Oszillieren zwischen Gegensatzpolen zu markieren, durch die Definition des Gegenteils eines Gegenteils eines Gegenteils und so fort ohne Ende. Die Bewegung in Becketts Texten ist eine beständige Hin-und-her-Bewegung gleich jener, die in *Worstward Ho* anzutreffen ist:

> First the body. No. First the place. No. First both. Now either. Now the other. Sick of the either try the other. Sick of it back sick to the either. So on. Somehow on. Till sick of both. Throw up and go. Where neither. Till sick of there. Throw up and back. The body again. Where none. The place again. Where none. Try again. Fail again. Better again. Or better worse. Fail worse again. Still worse again. Till sick for good. Throw up for good. Go for good. Where neither for good. Good and all.[51]

> Erst der Körper. Nein. Erst der Ort. Nein. Erst beides. Jetzt das eine. Jetzt das andre. Übel von dem einen das andre versuchen. Übel von dem zurück von dem übel. So weiter. Irgendwie weiter. Bis übel von beidem. Übergeben und gehen. Wo weder noch. Bis übel von dort. Übergeben und zurück. Wieder der Körper. Wo keiner. Wieder der Ort. Wo keiner. Wieder versuchen. Wieder scheitern. Wieder besser. Oder besser schlim-

[51] Beckett, *Worstward Ho*, a.a.O., S. 8.

> mer. Wieder schlimmer scheitern. Wieder noch schlimmer. Bis übel für immer. Übergeben für immer. Gehen für immer. Wo weder noch für immer. Immer und allezeit.[52]

Diese Bewegung des Hin und Her läßt sich sogar in Becketts mehr oder weniger kritischen Schriften nachweisen, etwa in der lyrisch dichten Hommage „To Avigdor Arikha", wo sie als Vor- und Zurückstoßen des Auges zwischen Subjekt (Maler) und Objekt (Bild) auftritt:

> Siege laid again to the impregnable without. Eye and hand feverishing after the unself. By the hand it unceasingly changes the eye unceasingly changed. Back and forth the gaze beating against unseeable and unmakable. Truce for a space and the marks of what it is to be and be in face of. Those deep marks to show.[53]

> Wieder auf dem Sprung gegenüber dem unbezwinglichen Außen. Auge und Hand fiebernd nach dem Nicht-Selbst. Durch die von ihm unablässig veränderte Hand unablässig verändertes Auge. Zum Nicht-zu-Sehenden und Nicht-zu-Schaffenden vor- und zurückstoßender Blick. Ruhe im Hin und Her und Spuren dessen, was es heißt, zu sein und gegenüber zu sein. Tiefe wunde Spuren.[54]

Daß diese Bewegung des Hin und Her tatsächlich mit dem Brunoschen Prinzip der Identität von Gegensätzen zusammenhängt, zeigt sich an einer der vorhin zitierten Passagen aus *Finnegans Wake*: in der Wendung „the sole condition

---

[52] Beckett, *Aufs Schlimmste zu*, a.a.O., S. 333.
[53] Samuel Beckett, „For Avigdor Arikha", in *Disjecta*, a.a.O., S. 152.
[54] Samuel Beckett, „Für Avigdor Arikha", üb. v. Elmar Tophoven, in *Das Gleiche nochmal anders*, a.a.O., S. 65.

and means of its himundher manifestation“ enthält das Wort „himundher“ nicht nur eine Koppelung von „him“ und „her“ (also der Gegensatzpole von männlichem und weiblichem Prinzip), sondern eben auch ein deutsches „hin und her“. Joyce jedoch benutzt die Bewegung des Hin und Her im positiven Sinne, um Wirklichkeitsfragmente zusammenzukehren, aus denen sich dann addierend eine ganze Welt aufbauen läßt, wohingegen Beckett diese Bewegung negierend einsetzt, um Platz zu schaffen für das Unsprechbare zwischen den Sprachfragmenten und den mit ihnen korrelierten Weltsplittern.

Dieser Prozeß des Platzschaffens wird möglich, weil bei Beckett durch das Sprechen nicht eine Welt errichtet wird wie bei Joyce, sondern das Sprechen ein Mittel wird, sich der Welt zu entledigen: Beckett hat Prousts Auffassung der Gewohnheit und der Ritualisierung als Mördern von Unmittelbarkeit und Leidenschaft so gut verstanden, daß er weiß: Ritualisierung und Wiederholung sind die perfekten Mittel, wenn es darum gehen soll, das Leiden und die Grauen der Wirklichkeit zu bannen – die Wirklichkeit läßt sich also neutralisieren und bewältigen dadurch, daß sie in Sprache ausgedrückt wird. Malone in *Malone Dies* stellt fest: „my notes have a curious tendency, as I realise at last, to annihilate all they purport to record.“[55] / „meine Notizen neigen, wie ich endlich begriffen habe, leider dazu, alles, was sie sozusagen betreffen sollen, verschwinden zu lassen.[56] Im Bestreben, die diktatorische und bedrückende Gegenwart von innerer und äußerer Realität, von Selbst und Nichtselbst zum Verschwinden zu bringen, exploriert Beckett Strategien des Überdrusses und der Abnutzung:

---

[55] Samuel Beckett, *Malone Dies*, in *The Beckett Trilogy*, a.a.O., S. 163-264, hier S. 238.

[56] Samuel Beckett, *Malone stirbt*, Roman, üb. v. Elmar Tophoven (Frankfurt a.M.: Suhrkamp 1995), S. 115.

durch das fortgesetzte Ausdrücken eines Sachverhalts und seines Gegenteils kann er beide auslöschen und dahinter zu gelangen hoffen. Die Stimme im achten *Text for Nothing* spricht es aus: „to have said so convinces me of the contrary“[57] / „es gesagt zu haben, überzeugt mich vom Gegenteil“[58]; dann schließt sich eine erneute Umkehrung an, die Beckett in seiner englischen Selbstübersetzung gestrichen hat – übersetzt aus dem Französischen lautet sie: „das ist eben die ganze negative Schönheit der Sprache, deren Negationen leider dasselbe Schicksal erleiden, was eben ihre Häßlichkeit ist.“[59]

Becketts negierender, reduktionistischer Modus, mit der Bewegung des Hin und Her umzugehen, sein Wille, weder die Schönheit noch die Häßlichkeit der Sprache hinzunehmen, ist der Joyceschen Praxis diametral entgegengesetzt, durch positive, kumulierende Anwendung der selben Bewegung beides zu feiern, doch beide Konzepte entspringen dem selben Prinzip: Giordano Brunos *Coincidentia Oppositorum*. Insofern ist es nur folgerichtig, daß Beckett in seinem letzten Text, der Selbstübertragung des Gedichts „Comment dire“ ins Englische unter dem Titel „what is the word“, auf dialektische Weise den Bogen zu Joyce zurück schlägt – Becketts Gedicht mündet in ein leises Echo der letzten Zeile von *Finnegans Wake*, jener Joyceschen „Apotheose des Wortes“, und eben in die Frage nach dem Wort. *Finnegans Wake* endet mit dem unvollständigen Satz: „A way a lone a last a loved a long the“[60]; Becketts letzter Text endet:

---

[57] Samuel Beckett, *Texts for Nothing*, in *Collected Shorter Prose 1945-1980*, a.a.O., S. 71-115, hier S. 98.

[58] Samuel Beckett, *Texte um Nichts*, üb. v. Elmar Tophoven, in *Erzählungen*, a.a.O., S. 121-172, hier S. 153.

[59] Ebd.

[60] Joyce, *Finnegans Wake*, a.a.O., 628.15-16.

folly for to need to seem to glimpse afaint afar away
over there what –
what –
what is the word –

what is the word[61]

Der Clou bei *Finnegans Wake* ist nun aber, daß das letzte Wort „the" nicht das Ende bleibt, sondern in den Anfang zurückläuft, denn vervollständigt wird die unvollständige Schlußformulierung durch die ebenso fragmentarische Eingangsformulierung, die mitten im Satz einsetzt. Bei Joyce geht so gesehen immer alles weiter.

Und weiter geht es bei Beckett in gewissem Sinne auch unablässig, und zwar gerade im Rückgriff auf Joyce. Wenn Becketts letztes Substantiv „word" aus dem Gedicht „what is the word" auf die Joycesche Apotheose des Wortes zurückverweist, so kann man vielleicht auch aus dem zweiten Substantiv von „what is the word" einen Joyce-Anklang heraushören. Es ist das – für eine Übersetzung viel zu vielgestaltige – Substantiv „folly". Im Joyceschen *Ulysses* taucht es nur dreimal auf, dies aber an wichtigen Stellen. In der Bibliotheksepisode raunt der Möchtegern-dichter Stephen Dedalus sich selbst zu: „Folly. Persist."[62] / „Albernheit. Harre aus."[63] Etwas später versucht Leopold Bloom etwas zu schreiben und treibt sich unter Verwendung des selben Begriffs an: „On. Know what I mean. [...] Folly am I writing?"[64] / „Weiter. Weißt, was

[61] Samuel Beckett, „what is the word", in *Poems 1930-1989*, a.a.O., S. 113/115, hier S. 115

[62] James Joyce, *Ulysses* [englisch], hg. v. Hans Walter Gabler et alii (Harmondsworth: Penguin 1986 / Student's Edition), 9.42.

[63] James Joyce, *Ulysses* [deutsch], Roman, üb. v. Hans Wollschläger, hg. v. Dirk Vanderbeke (Frankfurt a.M.: Suhrkamp 2004), S. 267.

[64] Joyce, *Ulysses* (englisch), a.a.O., 11.865 ff.

ich meine. [...] Albern, daß ich schreibe?"[65] Dieses selbstantreiberische „On“ / „Weiter“ ist eine typische Beckett-Floskel; Becketts Prosatext *Worstward Ho* etwa beginnt: „On. Say on. Be said on. Somehow on. Till nohow on. Said nohow on.“ / „Weiter. Weiter sagen. Gesagt sei weiter. Irgendwie weiter. Bis nirgendwie weiter. Gesagt sei nirgendwie weiter.“[66] Dieses unbedingte und bedingungslose Weiter-Gehen-Wollen und Weiter-Gehen-Müssen haben Joyce und Beckett in der Tat gemein, und vielleicht ist es auch das, was Beckett meinte, als er einmal über Joyce sagte: „Ich bin von seinem Werk nicht beeinflußt worden, wie man vielfach behauptet hat. Ich kann nur sagen, daß Joyce einen moralischen Einfluß hatte – er brachte mir bei, was künstlerische Integrität ist.“[67] Künstlerische Integrität – das ist nicht zuletzt der Wille, das Werk über alles andere zu stellen und unter allen Umständen weiterzumachen. Joyce macht weiter, indem er immer mehr Welt in seinen Texte reinpackt, und Beckett macht weiter, indem er sich immer mehr Welt vom Leibe schreibt.

Ich allerdings mache hier nicht weiter, sondern höre auf: vielen Dank für die Aufmerksamkeit!

---

[65] Joyce, *Ulysses* (deutsch), a.a.O., S. 409.

[66] Beckett, *Aufs Schlimmste zu*, a.a.O., S. 333.

[67] John Gruen, „Samuel Beckett talks about Beckett“, in *Vogue*, Dezember 1969, S. 210; zitiert nach Birkenhauer, *Samuel Beckett in Selbstzeugnissen und Bilddokumenten*, a.a.O., S. 30.

„Kopf nur Nebel und Aufruhr“
Post von Samuel Beckett – die Briefausgabe ist abgeschlossen

Der größte Autor des 20. Jahrhunderts macht sich kleiner denn je – dies ist die Quintessenz des jüngst erschienenen Abschlußbandes der vierbändigen Beckett-Briefausgabe[1]. Mit penetranter Regelmäßigkeit klagt er, er schaffe „nichts weiter, als mich tiefer + tiefer in meinem Mist zu vergraben“, habe die „Verbindung zum Schreiben völlig verloren“, könne „kaum glauben, daß ich jemals 2 Wörter zusammengebracht habe.“ Und wenn er dann doch wieder ein paar „Röchler“ zu Papier bringt im Zuge einer „neuen Fummelei“, dann tut er es gleich ab: „habe das letzte Scheitern nicht mal angesehen. Glaube, daran ist nichts zu

---

1 Samuel Beckett, *Weitermachen ist mehr, als ich tun kann. Briefe 1929-1940*, hg. v. George Craig (Editor), Martha Dow Fehsenfeld (Founding Editor), Dan Gunn (Editor) u. Lois More Overbeck (General Editor), für die deutschsprachige Ausgabe üb. u. eingerichtet v. Chris Hirte (Berlin: Suhrkamp 2013). –
Samuel Beckett, *Ein Unglück, das man bis zum Ende verteidigen muß. Briefe 1941-1956*, hg. v. George Craig (Editor), Martha Dow Fehsenfeld (Founding Editor), Dan Gunn (Editor) u. Lois More Overbeck (General Editor), für die deutschsprachige Ausgabe üb u. eingerichtet v. Chris Hirte (Berlin: Suhrkamp 2014). –
Samuel Beckett, *Wünsch Dir nicht, daß ich mich ändere. Briefe 1957-1965*, hg. v. George Craig (Editor), Martha Dow Fehsenfeld (Founding Editor), Dan Gunn (Editor) u. Lois More Overbeck (General Editor), für deutschsprachige Ausgabe üb. u. eingerichtet v. Chris Hirte (Berlin: Suhrkamp 2016). –
Samuel Beckett, *Was bleibt, wenn die Schreie enden? Briefe 1966-1989*, hg. v. George Craig (Editor), Martha Dow Fehsenfeld (Founding Editor), Dan Gunn (Editor) u. Lois More Overbeck (General Editor), für die deutschsprachige Ausgabe üb. u. eingerichtet v. Chris Hirte (Berlin: Suhrkamp 2018).

retten.“ Oder: „Es fühlt sich so falsch an [...]. Könnte genauso gut überhaupt nichts schreiben.“

Neu sind solche Klagen allerdings nicht bei Beckett. Schon 1932, ganz am Anfang seiner Karriere, zeigt er sich „erschreckt“ über den Gedanken, „daß ich vom Drang zum Schreiben geheilt bin.“ Im März 1952, gerade im Moment erster Erfolge bei Kritik und Publikum, formuliert er: „Ich bin so angeekelt von allem, was ich mache, daß ich nicht mehr weiterweiß.“ Kaum einmal fängt er eine neue Arbeit an, schon läßt er seine Briefpartner wissen, der Versuch sei untauglich, das Ergebnis „unbefriedigend“, wahrscheinlich werde er es doch wieder verwerfen oder gleich verbrennen. In den letzten Lebensjahrzehnten verbindet sich diese konstante Überzeugung von der eigenen Unzulänglichkeit aber zusätzlich mit der Erfahrung des Alterns. Spätestens mit sechzig begreift sich Beckett, in dieser Phase von diversen gesundheitlichen Problemen beeinträchtigt, als alt und schreibt, wenn überhaupt noch, „an Sachen, die mir wie die letzten Reste und Zipfel vorkommen.“ Nur gelegentlich verspürt er ein „schwaches Flackern“; am liebsten möchte er kapitulieren: „Verblödet bis zum Erlöschen. Weitere Arbeit undenkbar.“ Bei anderer Gelegenheit beneidet er Kafka, der sich vor lauter Hoffnungslosigkeit in Gartenarbeit flüchtete: „Wenigstens konnte er gärtnern.“

Nun sind die Briefbände zwar an solchen „Jeremiaden“ (wie der stets mit einem Anflug von Selbstironie formulierende Beckett sie nennt) übervoll, aber gleichzeitig erfahren wir, wie erstaunlich viel er bis ins hohe Alter immer noch arbeitet – nicht nur im Garten (schon 1957 preist er Gartenarbeit als „Erholung von Leben und Literatur“), sondern auch am Schreibtisch. Auf jede Klage, es sei „nirgendwo ein Pieps in mir“, folgt schon bald die Mitteilung, er habe da eine Idee gehabt, „wieder einen ersten Satz“ zu Papier gebracht, probiere etwas aus

„entgegen dem Gefühl, daß ich besser aufhören sollte.“ Natürlich erklärt Beckett das Ergebnis – sofern es eines gibt und der Versuch nicht verworfen wird – dann wieder für „unzulänglich“ oder „unbefriedigend“, doch wenn der geradezu zwanghaft selbstkritische Autor am Ende zu dem Urteil kommt, das „Ding“ sei zwar „gescheitert wie üblich nach ein paar tausend Röchlern, aber vielleicht ist es nicht endgültig verloren“, dann darf das Lese- oder Theaterpublikum sich auf ein neues Werk freuen.

Becketts tief verwurzelte Überzeugung, den Ansprüchen anderer nicht genügen zu können, dürfte schon auf die frühesten Jahres zurückgehen, auf die Sozialisation in einem Elternhaus, dessen Vorstellungen von beruflicher Karriere und gesellschaftlicher Stellung er nie hat entsprechen können. Noch in Briefen seiner letzten Jahre klagt Beckett (mit wieviel Ernst, wissen wir allerdings nicht), er hätte besser doch dem Wunsch seines Vaters gehorcht, sich um einen guten Posten in der Bierfabrik Guinness zu bemühen. Jene einsame Karriere, die er statt dessen eingeschlagen hat, bringt ihn 1969 immerhin auf den Gipfel des Ruhms, trägt ihm den Nobelpreis für Literatur ein – gerade das begreift Beckett in einer für ihn charakteristischen Volte aber als Niederlage: „Ich habe versucht, ihn nicht zu bekommen, & bin gescheitert.“ Hier zeigt sich, daß Beckett im vergeblichen Bemühen, allen Ansprüchen zu genügen, seine eigenen Ansprüche so hoch geschraubt hat, daß er selbst unentwegt an ihnen scheitern muß. Schon allein deshalb kann er über seine eigenen Arbeiten kaum ein gutes Wort finden – wenn es hoch kommt, bezeichnet er einmal einen Text oder ein Dramenskript als „am wenigsten unbefriedigend“, mehr ist nicht drin.

Deutlich wird beim Studium der Briefe, daß den Ansprüchen Becketts im Grunde auch kein anderer gerecht zu werden vermag, kein Übersetzer und kein Regisseur, kein Schauspieler und kein Verleger. Als nicht nur höflicher, sondern auch freundlicher, vielfach herzlicher Mensch lobt Beckett die Übersetzer und Regisseure, die Schauspieler und Verleger dennoch für die Mühe, die sie sich geben, äußert Kritik nur zaghaft und findet sich bereit, mit Kompromissen zu leben, auch wenn sie ihm eigentlich unerträglich sind und er vieles sieht, was „ganz falsch“ ist. Zur Minderung der Einbußen übernimmt er das Übersetzen und das Inszenieren seiner Arbeiten vielfach selbst, schreibt ansonsten lange Briefe, in denen er detailliert erläutert, wie seine Arbeiten auf die Bühne zu bringen oder in Büchern anzuordnen sind. Denen, die seine Arbeiten gedruckt oder im Theater verbreiten, fühlt er sich verpflichtet und arbeitet diese Pflicht ab, indem er neue Skripte schreibt oder „die am wenigsten zu beanstandenden von den verworfenen Texten“ in einen publizierbaren Zustand bringt. „Per Auftrag kann ich nicht schreiben“, läßt Beckett zwar schon 1958 einen Interessenten wissen, aber von dieser Regel macht er speziell in späteren Jahren doch erstaunlich viele Ausnahmen, schreibt Bühnenarbeiten für seine Lieblingsschauspieler Patrick Magee und Billie Whitelaw, liefert binnen kürzester Frist einen neuen Prosatext für den Günter-Eich-Gedenkband und fischt so mancher Zeitschrift „ein paar Reste für die erste Ausgabe“ aus dem Fundus seiner zur Seite gelegten „Reste und Zipfel“.

Wenn Beckett praktisch zeit seiner Karriere klagt, das Schreiben sei ein „Höllenjob“, er täte „besser daran, es ein für allemal zu lassen“, habe „von alldem genug“, so stellt sich die Frage, warum er überhaupt schreibt. Als er 1985 im Rahmen einer Zeitungsumfrage genau dies gefragt wird, antwortet er knapp: „Kann nichts anderes.“ Wieder das alte Lied also, angeblich kann er nichts – nicht gärtnern, nicht einmal einen Reifen flicken. Daß er schreiben kann, so schreiben, daß es seinen eigenen Ansprüchen genügt, stellt er natürlich ebenso in Abrede, doch beim Schreiben geht es Beckett, wie er immer wieder beteuert, nicht ums Können, sondern ums Müssen. Schreiben können wollte er zwar noch in den 30er Jahren, aber mit dem Roman *Watt*, entstanden unter schwierigsten Umständen im Krieg, ist es damit vorbei – im Rückblick bezeichnet er diesen Roman als „eine Hinwendung zu den Wörtern [...] im Bemühen, nicht den Verstand zu verlieren", spricht von einer „Fluchtbewegung vor den Schrecken jener gräßlichen Zeit". „Gräßlich" ist für ihn fortan das Leben an sich, das Schreiben ist Ausflucht und Pflicht zugleich, und dies bis zum Ende. Mitte der 70er Jahre, eingespannt in Selbstübersetzungen und Theaterinszenierungen, will Beckett all das abschütteln im Bewußtsein, daß er „die wenige Zeit, die bleibt, der einen Sache schulde, der ich wenigstens ein bißchen gewachsen bin." Im Schreiben sieht er das Eigentliche, seine wahre Arbeit, und das protestantische Arbeitsethos ist unüberhörbar, wenn Beckett periodisch beteuert, es sei „auch und vor allem so, daß ich arbeiten *muß*", er sei trotz beständigen Mißlingens „verpflichtet, es zu versuchen, und das bis zuletzt."

Aber die Pflicht ist keineswegs alles. Beim Übersetzen vermißt er das „Abenteuer", beim Inszenieren das „wirklich Spannende", beides gibt es für ihn nur beim Schreiben. In den Briefen spricht er vom „seltsamen Verlangen nach Arbeit", das „noch nicht ganz gestillt" sei, vom „Ehrgeiz", sich „mit nutzlosen Worten zu betäuben", von der „großen Lust", damit weiterzumachen, vom Schreiben als „Droge wie keine andere": „Es ist das Beste, was man tun kann. Ein leeres Blatt, und schon beginnt alles zu verblassen." An den von Selbstzweifeln zerfressenen Kollegen Robert Pinget schreibt Beckett 1966: „Wir sind ja keine Literaten. Wenn man sich schon all die Mühe macht, dann nicht wegen des Resultats, sondern weil das die einzige Möglichkeit ist, es auf diesem Scheißplaneten auszuhalten." Das Schreiben ist Pflicht, Lust, Betäubung und Offenbarung zugleich, ist Zweck und Ziel an sich und folglich etwas, dem alles andere untergeordnet werden muß: „für mich das Allerwichtigste." So sucht Beckett immer wieder nach Wegen zu Neuanfängen, auch durch Genre-, Medien- oder Sprachwechsel.

Becketts Entscheidung, die künstlerische Integrität über alles zu stellen, hat notwendigerweise eine Absage an außerliterarische Ambitionen zur Folge: „So kann ein Leben im Scheitern kaum anders als bestenfalls trostlos sein, während es nichts Spannenderes für den Schreibenden gibt, oder nichts, was reicher ist an unausgeschöpften Ausdrucksmöglichkeiten, als das Scheitern am Ausdruck." Folgerichtig wehrt er alles Interesse an seiner Person ab, will nicht, daß eine Biographie über ihn geschrieben wird, und erlaubt eine Briefedition nur nach Maßgabe einer strikten „Reduktion auf lediglich solche Passagen, die für mein Schaffen von Belang sind." Diese Floskel hat die vorliegende Ausgabe zwar prinzipiell ermöglicht, aber auch um Jahrzehnte verzögert und in ihrem Fokus stark eingeschränkt, zudem die Phalanx der Editoren zu manch redaktioneller Widersinnigkeit gezwungen. Dabei haben die durchweg faszinierenden Briefe eigentlich selbst in ihren intimsten Passagen stets mit dem Werk zu tun, wobei es mit der Intimität ohnehin so eine Sache ist bei Beckett – seine Liebesbriefe (nie an seine Frau, sondern meist an seine Dauergeliebte Barbara Bray, gelegentlich auch an die Protagonistinnen diverser Kurzzeitaffären) sind vielmehr Liebesverweigerungsbriefe, formuliert meist auf Meta- und Metametaebenen in einem Gestus, der wichtige Facetten von Becketts Selbstverständnis und Weltsicht beleuchtet und tief im Kern auch des Werks verankert ist.

Am intimsten sind die Zustandsmeldungen Becketts, wenn er in der „gesegneten Einsamkeit" seines Landhauses ist: „sitze hier im Dunkel, Kopf auf dem Tisch, und stöhne“; „Kopf nur Nebel und Aufruhr.“ Im Kopf wandert er die „alten Pfade“ seiner Vergangenheit ab, grübelt über „meinen alten Freund, den leeren Raum“, kämpft in unendlicher Mühsal mit seinem Schreibstift und weiß bei allen schier unüberwindlichen Selbstzweifeln doch, „daß etwas entsteht, wenn ich lange genug auf ein Blatt Papier starre.“ Über allem steht die Formel vom Ende des Romans *Der Namenlose*: „man muß weitermachen, ich kann nicht weitermachen, man muß weitermachen, ich werde also weitermachen, man muß Worte sagen, solange es welche gibt“. Unter Berufung auf Albert Camus' *Mythos des Sisyphos* (den Beckett, wie er einem Korrespondenzpartner gegenüber beichtet, bei dieser Passage tatsächlich „im Sinn“ hatte) müssen wir uns Beckett beinahe als glücklichen Verzweifelten vorstellen. „Ich mache weiter – piano piano. Unbegreiflicherweise.“

69 Arten den Sam zu spielen
Beckett in Jürg Laederachs Werken und Briefen

In den 80er und frühen 90er Jahren galt der Schweizer Jürg Laederach (Jahrgang 1945) gemeinhin als einer interessantesten und wichtigsten postmodernen Schriftsteller deutscher Sprache, auch wenn Konflikte mit seinem Verlag und eine allgemeine Veränderung der Lesevorlieben ihn seither ein wenig in Vergessenheit haben geraten lassen. In seinen Poetikvorlesungen von 1986/87 (veröffentlicht als *Der zweite Sinn oder Unsentimentale Reise durch ein Feld Literatur*) beruft sich Laederach auf James Joyce, Marcel Proust und Robert Musil als die „großen Drei“[1], nennt dabei Proust den „neben Musil größte[n] Virtuose[n] des diskursiven Stils“[2] und Joyce seinen eigenen „Vater und Paternoster“[3]. Laederachs eigenes Werk wird dominiert von dicken Romanen und umfangreichen maximalistischen Texten, weswegen die Berufung auf die drei genannten Autoren recht folgerichtig klingt. Um so bemerkenswerter ist es, daß als weiterer häufig namentlich erwähnter oder angespielter Autor in Laederachs Vorlesungen wie auch in seinem fiktionalen Werk Samuel Beckett zu nennen ist, der Meister des literarischen Minimalismus. Becketts tiefgreifender und weitreichender Einfluß auf Laederach ist nicht nur in Laederachs eigenen minimalistischen (freilich dabei eher geschwätzigen) Arbeiten fürs Theater

---

1 Jürg Laederach, *Der zweite Sinn oder Unsentimentale Reise durch ein Feld Literatur* (Frankfurt a.M.: Suhrkamp 1988), S. 161.

2 Ebd., S. 180.

3 Ebd., S. 255.

nachzuweisen, sondern ebenso in seinen Essays, Erzählungen und Romanen, wo Becketts Werke (insbesondere *Waiting for Godot* und *Murphy*, aber auch weniger bekannte Texte) immer wieder zitiert und angespielt werden; auf vielerlei Weisen wird Beckett als wichtiger Bestandteil des allgemeinen kulturellen Horizonts ausgewiesen, vor dem sich Laederachs Arbeiten entfalten.

Leider läßt sich nicht genau ermitteln, wann die ersten Beckettschen Einflüsse in Laederachs Arbeiten eindringen. Als Autor neigt Laederach dazu, in seinen Texten immer zuhauf literarische Namen fallenzulassen. In seinem ersten Buch, dem Erzählungsband *Einfall der Dämmerung*, finden sich Verweise auf Faulkner, Dante und Robert Walser[4], und in einer der Erzählungen tritt sogar eine Figur namens „Von Göthe"[5] auf. In seinem zweiten Buch, dem Roman *Im Verlauf einer langen Erinnerung*, erwähnt Laederach den „Moby Dick"[6] und die österreichische Kleinstadt Mürzzuschlag[7], die im Ersten Weltkrieg eine gewisse Rolle im Leben von James Joyce spielte. Im nächsten Roman *Das ganze Leben* entdecken wir Karl May, Arno Schmidt, Stanislaus Joyce und Joyce persönlich[8] – Hinweise auf Beckett gleich welcher Art lassen sich in diesen drei Büchern jedoch nicht ausmachen. Dies heißt natürlich nicht notwendigerweise, daß Beckett in den 70er Jahren für Laederach nicht schon ein wichtiger Autor gewesen sein kann. Sein erstes explizites Auftreten jedenfalls erfolgt in Laederachs viertem Buch, einer

---

4 Jürg Laederach, *Einfall der Dämmerung*, Erzählungen (Frankfurt a.M.: Suhrkamp 1974), S. 10, 152, 159.

5 Ebd., S. 62 f.

6 Jürg Laederach, *Im Verlauf einer langen Erinnerung*, Roman (Frankfurt a.M.: Suhrkamp 1977), S. 194.

7 Vgl. ebd., S. 49 f.

8 Jürg Laederach, *Das ganze Leben*, Roman (Frankfurt a.M.: Suhrkamp 1978), S. 58, 59, 92.

Sammlung längerer Erzählungen unter dem Titel *Das Buch der Klagen*, worin sich nicht nur eine ganze Reihe von Figurennamen aus dem Joyceschen *Ulysses* finden lassen[9], sondern auch eine „Beckettbanane“[10], die ohne jeden ersichtlichen Anlaß erwähnt wird. Es handelt sich zweifellos um eine Anspielung auf Becketts Einakter *Krapp's Last Tape*, in dem die Titelfigur Bananen verschlingt.

In allen vier bisher erwähnten Büchern greift Laederach auf eine breite Palette literarischer Formen und Schreibweisen zurück, die es ihm auf unterschiedliche Weise erlauben, sich mit Fragen von Identität und Nichtidentität, von Realität und Fiktionalität, von innerfiktionaler Wahrscheinlichkeit (die Laederach normalerweise ablehnt und veralbert) und handlungstechnischer Unausgewogenheit (die Laederach betont und sucht) zu befassen. Die Regeln werden schon in *Einfall der Dämmerung* klar benannt: „Nie Logik. Nie Erkenntnisse. Nie Wahrnehmungen”[11]. Laederachs Handlungen führen nirgendwo hin, sie zerfasern oder zerfallen, und seine Figuren leiden vielfach an allen möglichen Beschwerden, Versehrungen und Belästigungen, wodurch diese Texte mit denen Becketts vage vergleichbar sind – der augenfälligste Unterschied ist, daß bei Beckett die Instabilität der Handlung und der Figuren meist zu reduzierter Sprache, zu Starre und zu Schweigen führt, während Laederach auf recht wortreiche (bisweilen geradezu plapperhafte) Weise Sphären der Gehetzheit, Unruhe und extremer Rastlosigkeit schafft. In *Das ganze Leben* beispielsweise müssen wir uns, nachdem wir zweihundert Seiten rastloser Prosa bewältigt ha-

---

9 Jürg Laederach, *Das Buch der Klagen. Sechs Erzählungen aus dem Technischen Zeitalter* (Frankfurt a.M.: Suhrkamp 1980), S. 230.

10 Ebd., S. 41.

11 Laederach, *Einfall der Dämmerung*, a.a.O., S. 10.

ben, sagen lassen: „Bis hierher alles erlogen; von hier aus alles wahr”[12]; diese Formulierung wird auf den nachfolgenden Seiten vielfach variiert[13], bis wir schließlich erfahren: „Bis hierher alles wahr; von hier an Versuch einer letzten Lüge”[14].

Solche Kippstellen der Glaubwürdigkeit erinnern an bestimmte Züge der Beckettschen Prosa, insbesondere in den Romanen und Erzählungen der unmittelbaren Nachkriegszeit. Der Erzähler von „The End“ beispielsweise unterbricht seine Geschichte einmal durch den Zwischenruf: „That's all a pack of lies I feel“[15]; in einem ähnlichen Gestus zieht sein Vorgänger in „First Love“, nachdem er die Hälfte seiner Geschichte erzählt hat, das Zwischenfazit: „But I have always spoken, no doubt always shall, of things that never existed, or that existed if you insist, no doubt always will, but not with the existence I ascribe to them”[16]. Eben zuvor hat Becketts Erzähler den Namen der Frau geändert, mit der er zusammenlebt, einer Prostituierten, die er am Ende (durchaus unbeabsichtigtermaßen) schwängert: „Anyhow I'm sick and tired of this name Lulu, I'll give her another, more like her, Anna for example, it's not more like her but no matter“[17].

Bemerkenswerterweise nennt der Erzähler von Laederachs *Im Verlauf einer langen Erinnerung* seine hurenhafte Gefährtin Lulu und muß sich an einem neuralgischen Punkt der Handlung von ihr sagen lassen: „Ich bin schwanger“[18]. Dies kann freilich kein gültiger Beweis für

---

[12] Laederach, *Das ganze Leben*, a.a.O., S. 216.

[13] Vgl. ebd., S. 224, 225, 262.

[14] Ebd., S. 285.

[15] Samuel Beckett, „The End“, in *The Complete Short Prose, 1929-1989*, hg. v. S. E. Gontarski (New York: Grove Press 1995), S. 82.

[16] Samuel Beckett, „First Love“, ebd., S. 35.

[17] Ebd., S. 34.

[18] Laederach, *Im Verlauf einer langen Erinnerung*, a.a.O., S. 53.

Becketts Einfluß auf Laederach in diesem Stadium seiner Entwicklung sein, ist doch der Name Lulu zur Bezeichnung einer Prostituierten weitverbreitet. Das erste Buch, für das sich ein Beckett-Zusammenhang wirklich nachweisen läßt, ist *Fahles Ende kleiner Begierden*, eine Sammlung von vier „minimalen Spielen“, die 1981 veröffentlicht wurde. Im Vorklapp des Buches werden Laederachs eigene Kommentare zu seinen vier Stücken zitiert:

> Ich versuche eine szenische Anwendung der Prinzipien zu finden, nach welchen minimale Komponisten wie Steve Reich, Phil Glass [...] verfahren. Die Ergebnisse dieser Sprachverknappung und des (im Großen) Statik wie (im Kleinen) Unruhe produzierenden Repetitionsprinzips lauten: Witz und Verzweiflung. Ich habe jedes Stück in eine Klassikertradition eingeschrieben. ‚Japanische Spiele‘ ist ein unziemliches Nô-Spiel, ‚Rost...‘ ist für zwei Karl Valentins, ‚Nacht denken‘ denkt über Beckett nach, ‚Han und Amin‘ ist eine Erinnerung an einen Abend bei Peter Handke.[19]

Offenbar versucht Laederach, sich als Gegengewicht zu seinem sonst praktizierten zügellosen Schreibansatz in den hier versammelten (und auch einigen späteren) Stücken Einschränkungen aufzuerlegen, indem er in der schriftstellerischen Praxis anderer Autoren nach Orientierung und Vorbildern Ausschau hält, und unter diesen anderen Autoren ist Beckett besonders wichtig. *Nacht denken*, das Stück, das Laederach explizit auf Beckett rückbezieht, beginnt mit einer Präambel in Form von „45 Thesen”, die Grundannahmen wie die folgenden formulieren: „Er existiert. / Sie weiß, was er weiß, aber keiner

[19] Jürg Laederach, *Fahles Ende kleiner Begierden. Vier minimale Stücke* (Frankfurt a.M.: Suhrkamp 1981), S. 2.

weiß das, also weiß es keiner von beiden“[20]; „Er weiß, daß er nie in der Stadt ankommen wird“[21]. Die Beckettschen Anklänge, die sich zumindest in einigen dieser Formulierungen ausmachen lassen, werden durch den Rest des Stücks untermauert. In fragmentierter Sprache präsentiert sich eine bruchstückhafte Handlung über jemanden, der von „Wanderlust“[22], einem „Krückenlied“ und „Endmusik“[23] spricht, während er einen „Stillstand hinter seiner Lenkstange“[24] erleidet; all das erinnert sehr an Becketts Nachkriegstexte allgemein und besonders an *Molloy*. Zu weiteren Relikten Beckettscher Textwelten in diesem Stück zählt die Vorstellung von einem Liebesakt über dem Grab, das auf die Leichname der Liebenden wartet.

Wenn Laederachs Nutzanwendung Beckettscher Versatzstücke in *Nacht denken* bisweilen eine gleichsam parodistische Qualität erreicht, so gilt das auch für ein weiteres Stück des Bandes, *Han und Amin*, wo wir unter anderem in rascher Folge Formulierungen wie diese finden: „Schwinden wir nicht? / Das ist unsere Stunde. / Nahe dem Ende. / Wir sind am Aufhören. / So schnell“[25]. Dieses minimalistische (und oft redundante) Sprechen übers Enden – vielleicht als Echos auf Becketts *Endgame* oder allgemeiner auf Becketts Beschäftigung mit Schlüssen und Nichtabschließbarkeit zu lesen – mündet schließlich in den Satz „Aber er ist gekommen“[26], der ein wenig nach einem (nicht notwendigerweise intendierten) ironischen Kommentar zu *Waiting for Godot* klingt.

---

[20] Ebd., S. 101.
[21] Ebd., S. 102.
[22] Ebd., S. 105.
[23] Ebd., S. 112.
[24] Ebd., S. 126.
[25] Ebd., S. 166.
[26] Ebd., S. 201.

Laederachs auf *Fahles Ende kleiner Begierden* folgende Buchveröffentlichung, ein weiterer Erzählband namens *Nach Einfall der Dämmerung* (eine Auswahl aus *Einfall der Dämmerung*, vermehrt um zusätzliche Texte), trägt wiederum keine erkennbaren Spuren nachweisbaren Beckettschen Einflusses. Mit den *69 Arten den Blues zu spielen* (1984), Laederachs erfolgreichstem Buch, geraten die Dinge aber in Bewegung. *69 Arten den Blues zu spielen* ist eine Sammlung von (nicht 69, sondern 74) extrem kurzen Geschichten, von denen etliche nachweislich die Züge einer Aneignung Beckettscher Motive und Formulierungen tragen. Diese Geschichten befassen sich mit dem hintersinnigen Problem, die Existenz oder Nichtexistenz einer Figur zu beweisen[27], und mit einem „Programm zur Ichverkleinerung"[28]. Wie hochgradig Laederach alle anerkannten Kategorien des Lebens und seiner Darstellung in Erzählfiktionen auf den Kopf stellt, mag beispielhaft ein Satz aus dem kurzen Text „Vanitas" zeigen: „Das Ende ist ein Zeugungsakt, aber er entzeugt"[29]. Selbst wenn es sich eventuell nur um eine zufällige Übereinstimmung der zugrundegelegten Konzepte handeln könnte, scheint doch der Hinweis auf Becketts frühen Essay „Dante ... Bruno . Vico .. Joyce" angebracht, in dem Giordano Brunos *Coincidentia Oppositorum* mit den Worten illustriert wird: „The maximum of corruption and the minimum of generation are identical: in principle, corruption is generation"[30].

---

[27] Vgl. Jürg Laederach, *69 Arten den Blues zu spielen* (Frankfurt a.M.: Suhrkamp 1984), S. 63.

[28] Ebd., S. 333.

[29] Ebd., S. 347.

[30] Samuel Beckett, „Dante ... Bruno . Vico .. Joyce", in *Disjecta. Miscellaneous Writings and a Dramatic Fragment*, hg. v. Ruby Cohn (London: Calder 1983), S. 21.

Wenn wir auch nicht beweisen können, daß Laederach dieses Zitat kannte, als er die *69 Arten den Blues zu spielen* schrieb, so können wir zumindest jeden Zweifel daran ausräumen, daß er Becketts Roman *Murphy* kannte. Gegen Ende eines weiteren Textes in dem Buch, „Justus Liebig", bezieht sich Laederach auf den Titelhelden und seinen Schaukelstuhl im Eingangskapitel von Becketts Roman:

> Alles, aber auch alles liegt jenseits unserer Fähigkeiten; Murphys Gesetz schaukelt gedörrt im Stuhl [...]. Wir können einfach nicht, es ist uns alles zuviel geworden, im Maß unserer Schrumpfung wächst es gen Himmel; und am meisten überanstrengt uns das Sprechen darüber, das Springen und Tauchen in es hinein und, uff, püh, das quarkige Schreiben im einstimmigen Fröschechor aller.[31]

Wenn wir diese Passage als erstes Indiz für Laederachs starkes Interesse an Murphy und seinem Schaukelstuhl nehmen (weitere Indizien werden folgen), so wird evident, daß Laederach in einem späteren Text des selben Buches, „Conversation" überschrieben, das Beckett-Motiv gleichsam in seine eigene Neufassung übersetzt – bevor der Erzähler des Textes sich ‚nackt' in die Badewanne setzt (‚nackt' heißt hier ‚nicht ausgezogen', weil da, wo alles nackt ist, das Konzept der Nacktheit nur umgesetzt werden kann, indem man sich anzieht), bringt er mit Absicht das Telefon außer Reichweite (was Becketts Murphy ebenfalls tat, allerdings unabsichtlich). Das reicht aber noch nicht hin, um gegen alle Versuchungen gewappnet zu sein: „Ich muß mich in der Wanne anbinden, Lederschlaufen liegen unter Wasser bereit, der letzte Dorn kann mit den Zähnen durch die Fesselgurte getrieben wer-

[31] Laederach, *69 Arten den Blues zu spielen*, a.a.O., S. 86.

den."[32] Die Lederschlaufen des Laederachschen Erzählers übernehmen hier natürlich die Funktion der „[s]even scarves", mit denen Murphy sich an seinen Schaukelstuhl gefesselt hat[33]. Es ist aufschlußreich, was genau Laederach in Becketts formal und stilistisch am wenigsten gebändigtem Roman am meisten zu interessieren scheint: nämlich eine Figur, die sich bändigt, indem sie sich Fesseln anlegt.

An einer Stelle seines nächsten Romans *Flugelmeyers Wahn* zieht Laederach wortwörtlichen Nutzen aus einem von Becketts weniger bekannten Titeln. Dieser Roman besteht hauptsächlich aus einem Interview mit einem Schriftsteller namens Georg Flugelmeyer, geführt vom Journalisten Ernst Jawosch. Als Jawosch Flugelmeyer bittet, ihm dabei zu helfen, einen Abschluß zu finden, antwortet Flugelmeyer, indem er den Titel eines von Becketts kürzeren Prosatexten zitiert: „Um abermals zu enden, ach"[34]. Der Beckettsche Subtext, der in der Folge ausgebaut wird, basiert jedoch nicht auf Becketts Prosa, sondern auf seinem bekanntesten Stück *Waiting for Godot*, vielleicht weil die Interviewstruktur Laederachs Roman zwangsläufig zu einem dialogorientierten Text macht. Wenige Seiten, nachdem „For to end yet again" zitiert worden ist, thematisiert Flugelmeyer das Schweigen: „Wer schweigt, hat nicht etwa keine Wörter mehr, sondern die Häufigkeit seiner Wortzwischenräume ist bedenklich gewachsen."[35] Zwanzig Seiten weiter stößt der Beckettsche Subtext erneut an die Oberfläche, als Flugelmeyer sagt: „Oh Beckett: Du haben Kargheit des Vokabu-

---

[32] Ebd., S. 259.
[33] Samuel Beckett, *Murphy* (London: Calder & Boyars 1977), S. 5.
[34] Jürg Laederach, *Flugelmeyers Wahn. Die letzten sieben Tage* (Frankfurt a.M.: Suhrkamp 1986), S. 74.
[35] Ebd., S. 78.

lars in Kargheit der Syntax übertragen."[36] Der Kontext ist ein Gespräch über Schuhe und über das Warten, was deutlich auf *Waiting for Godot* anspielt; abgeschlossen wird das Thema (zumindest für den Moment) durch Flugelmeyer, der bemerkt: „Kein Ende. Eine Flugelmeier-Einheit hat kein Ende."[37]

Sehr viel später im Roman, nachdem die unterschiedlichsten Themen diskutiert wurden – darunter das Warten: „Warten und dann sterben. Zwei existentielle Erlebnisse, so hab ich gelernt"[38] –, erscheint eine weitere Beckett-Anspielung in Gestalt der Wiedergabe einer Anekdote über jemanden namens Lucky, gezüchtigt durch einen gewissen Pozzo, den er zu belustigen versucht; Pozzo versucht (erfolgreich), anonym zu bleiben in seiner „Pozzowelt"[39], wiewohl er ausdrücklich als „ein holländischer Großgrund-Pozzo in Zandvoort"[40] auftritt. Die Reihe von Anspielungen auf Figuren aus *Waiting for Godot* innerhalb eines Dialogs, der sich zusehends Witzen zuwendet, wird auf der nächsten Seite weiter ausgebaut: „Witze kann man ewig quasseln, für Freud werden sie erst durchs Zuhören eines Dritten erwähnenswert. Darum hört Wladimir alles mit"[41]. Die einzige in der Diskussion noch fehlende Figur aus *Waiting for Godot* erscheint sehr viel später im Text, als in einem gänzlich anderen Kontext ein Ober „Filet à la Estragon"[42] serviert. Alle diese sehr offensichtlichen Anspielungen auf Beckett im allgemeinen und *Waiting for Godot* im besonderen fungieren nicht als Symbole eines Beckettschen Einflusses auf Laederach in

---

[36] Ebd., S. 97.
[37] Ebd., S. 100.
[38] Ebd., S. 148.
[39] Ebd., S. 195.
[40] Ebd., S. 196.
[41] Ebd., S. 196 f.
[42] Ebd., S. 305.

irgendeinem spezifischen Sinne. Vielmehr beschwören sie einen allgemeinen kulturellen Background Laederachs wie auch seiner Leserschaft herauf: spätestens in den 80er Jahren waren Becketts Figuren bei einem kulturbewußten Publikum allbekannt genug, um es Laederach zu erlauben, sie als Abziehbilder zu benutzen, die sich in seinen Textwelten ganz nach Belieben einsetzen und ummodeln ließen.

Leider hat das Vorhandensein einer solchen kulturellen Folie bisweilen auch seine Nachteile – die Interpreten sehen vorschnell Verbindungen, wo diese nicht notwendigerweise existieren. Als im Herbst 1986 das von Laederach zusammen mit Andres Müry geschriebene Stück *Körper brennen* beim Festival „steirischer herbst" in Graz Premiere hatte, fühlte sich zumindest ein Kritiker an *Waiting for Godot* erinnert und beschrieb das Stück in seinem Festivalbericht unter Ziehung ständiger Vergleiche mit Becketts Klassiker[43]. Der vermeintliche Zusammenhang findet im besprochenen Text kaum Bestätigung – wenn in Teilen des Stücks zwei Figuren sich eine mehr oder weniger leere Bühne teilen, so ist das noch lange kein stichhaltiges Indiz für eine ‚Nachfolge'. Man könnte immerhin noch hinzufügen, daß eine der Figuren, ein Soldat namens „Sam Singer"[44], ständig bei seinem Vornamen gerufen wird, aber auch wenn „Sam" eine weithin bekannte Kurztitulierung Becketts ist, läßt sich nur ergebnislos darüber spekulieren, ob der Name von den Autoren als Anspielung gemeint sein könnte.

---

[43] Vgl. Peter von Becker, „Von Kathy Acker bis Kurt Waldheim. Graz verkehrt. Krieg und Lieben", in *Theater heute* 11 (November 1986), S. 6 f.

[44] Jürg Laederach / Andres Müry, *Körper brennen*, in *Theater heute* 11 (November 1986), S. 10.

Im Winter 1986/87, kurz nach der Publikation von *Flugelmeyers Wahn* und *Körper brennen*, hielt Laederach an der Universität Graz seine Poetikvorlesungen, in denen er seine Ansichten zur Literatur umfassend darlegte; diese Vorlesungen wurden anschließend unter dem Titel *Der zweite Sinn oder Unsentimentale Reise durch ein Feld Literatur* publiziert. Laederachs Hauptbestreben scheint hier die strikte Vermeidung jedes starren und unverrückbaren Konzepts zu sein: „Ich habe keinen festgefügten Ansatz, kein Prinzip, keine Kriterien“[45], verkündet er gleich zu Anfang und fügt später an: „für mich ist Literatur nur erträglich, wenn ich alle Jahre wieder, oder spätestens alle zwei Jahre, das Gefühl haben darf, ich sei wieder an dem Punkt angelangt, wo ich nichts mehr davon verstehe“[46]. Zugleich versichert der Autor uns, „daß ich immer alles mit allem zu vereinbaren trachte“[47]. Laederach präsentiert sich als „zuvorkommender Chaos-Forscher“[48], der „Chaos herstellen [will], selbst wenn ich dazu Ordnung schaffen muß“[49]; „der Idealzustand“[50] ist für ihn ausdrücklich die Moderne, was erklärt, warum er sich unablässig auf Autoren wie Flaubert, Joyce, Musil, Proust, Nabokov, Pynchon bezieht – und natürlich auch auf Beckett.

An einer Stelle findet „Ping“, einer von Becketts weniger bekannten Prosatexten, Erwähnung in Laederachs Vorlesungen[51], wenn auch nur innerhalb eines Kalauers über lautmalerische Namen; anderswo wird *Mercier and*

[45] Laederach, *Der zweite Sinn oder Unsentimentale Reise durch ein Feld Literatur*, a.a.O., S. 14.

[46] Ebd., S. 47 f.

[47] Ebd., S. 92.

[48] Ebd., S. 11.

[49] Ebd., S. 216 f.

[50] Ebd., S. 176.

[51] Ebd., S. 255.

Camier en passant angeführt[52]; an wieder anderer Stelle fragt Laederach sich (ohne eine explizite Antwort zu geben): „War Becketts Inszenierung von ‚Warten auf Godot' die definitive? Sicher bietet die Tatsache, daß ein Text, einmal vollendet, nur von dem spricht, wovon er spricht, dem Autor die Möglichkeit, sich zu verbergen, so gut es geht"[53]. Außerdem wird Becketts Theaterarbeit in der Gegenüberstellung zu derjenigen Ionescos indirekt gepriesen:

> Daß Ionescos Stücke altern, ist ein Glücksfall für das Stadttheater. Es darf sodann sagen, die Stücke seien veraltet – und braucht sich nicht mehr mit ihnen zu beschäftigen. Was macht, inmitten dieser surrealistischen Tragödien, den Beckettschen Krapp, die Winnie, den Estragon, aber auch die beiden Stimmen vor dem Bewußtseins-Stau-Schieber in „Cascando" so unwiderstehlich?
>
> Ganz einfach: Chekhov was here. Beckett hat der Partei der Surrealisten, Absurden usw. nie sehr angehört. Ich darf, abschweifenderweise, auf das von ihm gehandhabte Freudsche Paarstimmenmodell in „Cascando" hinweisen. [...] Die Figuren haben Sprache, und unvermutet hat die Sprache die Figuren. Ein Innenwelt-Modell von höchstem Realitätsgehalt. Was andrerseits, gemäß meinen rezeptionsästhetischen Beobachtungen, mit sich bringt, daß kein Mensch sich darin erkennt oder erkennen will. Becketts Innenwelten, auch jene chronologisch auf verschiedenen Arbeitsschichten abgelagerte des Krapp, haben nichts Angenehmes an sich, kriegen also die gottverdammte Ähnlichkeit mit dem gottverdammten Bewußtsein, dessen Darstellung man nicht ausgerechnet noch in der

---

52 Ebd., S. 97.
53 Ebd., S. 73.

> Literatur finden möchte. [...] Die Interna, sagen wir mal, vom „Letzten Band“, wären bei einem weniger virtuos geschriebenen Stück stets Anlaß zu Massenflucht. Beckett dämpft den vorhersehbaren Sturz unseres Affektbarometers tschechowsch milde ab. Wir kriegen nur eine leichte Depression. Die Innenwelt ging bei ihrer Darstellung unter – das Schicksal aller Innenwelten – aber sie tat es sanft. Der Tod kann nicht das Essen einer Banane sein, ihre fallende Schale nicht der fallende Stamm des Kirschgartens: Beckett, in seiner gnadenlosen Gnade, erlaubt unserem einfachen Gemüt das Gelächter. Wer Banane letal findet, hat es sich selbst zuzuschreiben.[54]

Vorrangig interessiert ist Laederach aber nicht an Becketts Dramatik, sondern an seiner Prosa. Er zieht zwei Entwicklungslinien, einmal von Tschechow zu Proust und einmal von Flaubert zu Joyce, und zieht daraus Schlüsse, die bei Beckett enden:

> Roman als Form nach hinten offen zum Tod, ein Enden ist grundsätzlich unmöglich, bis Arbiter Beckett in gewohnter Kühnheit die Prämisse umdreht: von nun an wird *nur noch* geendet. Das neue Postulat verfehlt seine Wirkung auf die Hervorbringungen nicht. Die Romane werden kürzer, dafür nähert sich die Geltung der Kurzerzählung der des Romans.[55]

Der Beckett-Text, auf den sich Laederach am häufigsten bezieht, ist *Murphy*. Als er über das spricht, was er „Auslagern der Gefühle“ nennt, d.h. die Flucht aus dem Hier und Jetzt, nennt Laederach Beispiele: „Beckett schrieb

[54] Ebd., S. 53 f.
[55] Ebd., S. 186.

seinen frühen Roman ‚Murphy' über Gerüsten des Präspinozisten Geulincx. Joyce versenkte sich tief ins Mittelalter, wie uns Umberto Eco in seiner aufschlußreichen Studie zum ‚Ulysses' nachweist"[56]. Sehr viel später verbindet Laederach noch einmal Joyce mit Beckett und beschreibt in einem längeren Passus – der lange Zitate aus Becketts *Murphy* und der Philosophie von Geulincx einschließt – den Schritt von der Joyceschen Figur Murphy (einem geschwätzigen Matrosen im *Ulysses*) zur Beckettschen Titelfigur:

> Es ist, als kämen in der divergierenden Behandlung der Murphy-Figur die entgegengesetzten Temperamente voll zum Zug: das Murphy-Sein wird zur Metapher für den jeweiligen Umgang mit Stil. Joyces Murphy, der Seefahrer, ist eine von vielen Parallelen zum ewigen Juden Bloom, geb. Virag, der auch Sindbad sein kann und doch eher auf einer Stufe mit engerem Horizont lebt [...] Aus dem saftigen Palaverer voll lügenhafter Seemannsgarne wird Becketts nach dem geulincxschen Modell erschaffener Trocken-Murphy. Kann der von Joyce sein Wasser nicht halten, sondern läßt es geräuschvoll schäumend vor dem Pub ab, so hat Becketts Murphy kaum mehr Nieren, ist ausgedörrt und verraucht wie ein altes Tabakblatt. Ebenso verhält es sich mit den wechselseitigen Humoren, die von alters her über den Feuchtigkeitsgrad einer Person Auskunft geben: Joyce läßt brüllend lachen und schaufelt Rabelais' Fleischeslust in die Wortlust hinüber, Beckett läßt kichern, wie Kekse es tun, wenn man sie rechtzeitig bricht.[57]

---

[56] Ebd., S. 110.

[57] Ebd., S. 235 f. – Ich danke Volker Frick für den Hinweis auf diese Stelle.

Wenn Laederach hier über Fragen von Stil und Humor spricht, drängt sich der Hinweis auf, daß Laederachs Humor zwar eher dem Beckettschen ähnelt, sein (stets wortreicher und mehr oder weniger rasanter) Stil aber näher bei Joyce als bei Beckett anzusiedeln ist. Allerdings ist von allen Arbeiten Becketts, die zu seinen Lebzeiten veröffentlicht wurden, *Murphy* derjenige Text, der dem Joyceschen Stil am nächsten kommt. Kein Wunder also, daß Laederach immer wieder auf diesen Roman zu sprechen kommt.

Spuren seiner Vorliebe für *Murphy* sind auch in Laederachs nächstem Buch auszumachen, einer Sammlung von Erzählungen unter dem Titel *Vor Schrecken starr*. In der Erzählung „Weisman im Hund" äußert eine Figur namens Van Heisig „etwas, das gekürzt und bearbeitet, zusammengefaßt in der Quintessenz lautete: ich muß dieses Kraut sofort haben, es geht um Leben und Tod"[58]; Laederach zitiert hier eine Formel, die Beckett in *Murphy* wiederholt benutzt: „Celia's account, expurgated, accelerated, improved and reduced, of how she came to have to speak of Murphy, gives the following"[59]. In einer anderen Erzählung, „Der Wanderbär im Schweizerbarock", stoßen wir auf die Formulierung „des Syndroms Leben"[60], und auch dies ist eine Formel aus *Murphy*, wo Beckett zweimal auf die Befürchtung der Figur Neary zu sprechen kommt, das „syndrome known as life" sei „too diffuse to admit of palliation. For every symptom that is eased, another is made worse. The horse leech's daughter is a closed system. Her quantum of wantum cannot vary"[61].

---

[58] Jürg Laederach, *Vor Schrecken starr. Fixierungen Stechblicke Obsessionen* (Frankfurt a.M.: Suhrkamp 1988), S. 95.

[59] Beckett, *Murphy*, a.a.O., S. 11.

[60] Laederach, *Vor Schrecken starr*, a.a.O., S. 263.

[61] Beckett, *Murphy*, a.a.O., S. 36, 112.

Diese Formel scheint Laederach ausgesprochen zu gefallen, denn er verwendet sie erneut (wenn auch fehlzitiert) in einem Brief an seinen Freund, den Kritiker und Schriftsteller Urs Allemann, vom 27. Dezember 1988: „Nun darf man Becketts Ökonomie des ‚für jeden, der ... hört einer auf, der ...' durchaus zur Kenntnis nehmen."[62] In dieser Phase scheint Laederach fasziniert zu sein von Murphys tragikomischem Bemühen, seine eigenen emotionalen Regungen zu beruhigen und zu betäuben, auch wenn Beruhigung und Betäubung gerade nicht Laederachs eigene Ziele sind – er schreibt vielmehr stets im Bemühen, die Emotionen seiner Figuren wie auch seiner Leser aufzurühren und anzustacheln. Eine der Figuren in *Vor Schrecken starr* nennt „die Beruhigung" typischerweise „eines meiner schlimmsten Leiden"[63].

In einer Rezension zu Flann O'Briens Roman *At Swim-Two-Birds*, die am 2. Juni 1989 in der Wochenzeitung *Die Zeit* erschien (und einige Jahre später in der Sammlung *Eccentric* nachgedruckt wurde), greift Laederach wiederum auf *Murphy* (und zusätzlich auf den Titel von Becketts späteren *Texts for Nothing*) zurück im Versuch, die künstlerischen Konsequenten der von Hunger und Fremdherrschaft dominierten irischen Geschichte zu umreißen:

> Texte um Nichts: Dem öffentlich-realen pauperisierenden Zwangssystem entspricht eine Prosa, die mittellose Giganten hervorbringt. Ihre Wortgewalt wächst mit ihrer Bedürfnislosigkeit. Im Zustand absoluten und misogynen Bettlertums erreichen sie die höchste Stufe der Sprachbeherrschung. Zu erhaben – und zu spöt-

[62] Urs Allemann / Jürg Laederach, „Das allmähliche Verschwinden des Lesens im Schreiben. Ein Briefwechsel, mit sieben Vorspiegelungen von Hermann Wallmann", in *Schreibheft* 33 (Mai 1989), S. 146.

[63] Laederach, *Vor Schrecken starr*, a.a.O., S. 349.

> tisch Blankvers sprechend – um äußere Zwänge auch nur wahrzunehmen, geruhen sie allenfalls, an den inneren zu scheitern. Zur Erinnerung: Bei Beckett, der diese ganzen Philosophien einen Zahn weiter gewendet hat, schützt sich der überall scheiternde Murphy vor weiterem Scheitern nicht etwa durch Anstreben von Erfolg, sondern durch Selbstfesselung an seinen Stuhl; damit muß er sich nicht mehr im Einzel-Scheitern verausgaben, sondern hat sich im Zeichen des Dauer-Scheiterns ruhiggestellt und kann nun in stiller Zufriedenheit leben und formulieren.[64]

Folgerichtig begreift Laederach Flann O'Brien als einen Autor, „der, Joycescher Erweiterung und Beckettscher Verknappung so (platonisch) zugeneigt wie (real) abhold, im Schatten der beiden Extreme seinen eigenen, zu Unrecht verdeckten Weg ging“[65].

Es hat den Anschein, daß Laederach selbst an diesem Punkt seiner künstlerischen Entwicklung Beckett zwar „(platonisch) zugeneigt“ ist, sich aber entscheidet, ihm „(real) abhold“ zu werden – von nun an sind Verweise auf Beckett in Laederachs Arbeiten deutlich seltener zu finden. In dem dicken Roman *Emanuel* (den Laederach als sein *opus magnum* begriff) werden zwar „Belacqua Shuah, eine von Becketts ersten Figuren“[66] und die (wohl wieder auf *Murphy* anspielende) „dunklere Hälfte von Becketts Geist“[67] erwähnt, doch zu einer tiefer reichenden Auseinandersetzung mit Beckett kommt es hier nicht – vielleicht mit Ausnahme der ironischen Erkenntnis:

---

[64] Jürg Laederach, *Eccentric. Kunst und Leben. Figuren der Seltsamkeit* (Frankfurt a.M.: Suhrkamp 1995), S. 215.

[65] Ebd., S. 218.

[66] Jürg Laederach, *Emanuel. Wörterbuch des hingerissenen Flaneurs* (Frankfurt a.M.: Suhrkamp 1990), S. 494.

[67] Ebd., S. 498.

„ÜBER etwas schreiben gibt mehr her, etwas schreiben ist einfältig, also schreibt man über das, was man gerade schreibt“[68]. Womöglich – aber nicht notwendigerweise – ist dies ein Kommentar zu Becketts Feststellung in seinem frühen Essay „Dante ... Bruno . Vico .. Joyce“: das Joycesche „writing is not *about* something; *it is that something itself*“[69]. Ganz ohne erkennbare Beckettsche Spuren bleiben auch Laederachs nächste drei Bücher, nämlich der Roman *Passion* (1993), der 1994 veröffentlichte Erzählband *Schattenmänner* und Laederachs 2003 publizierte zweite Sammlung von „minimalen Stücken“, *In Hackensack.* Dieses Verstummen in Bezug auf Beckett könnte seine Ursache darin finden, daß Laederachs Aufmerksamkeit sich in den frühen 90er Jahren auf weniger innovationsfreudige Autoren verlagerte, insbesondere auf Harold Brodkey, mit dem Laederach in dieser Zeit als Übersetzer zusammenarbeitete und sich häufig traf.

Die Verlagerung der Laederachschen Interessen läßt sich zumindest teilweise bei der Lektüre von *Eccentric* nachzeichnen, seiner Sammlung von Rezensionen, Porträts und Essays aus diesen Jahren. In einem vermutlich Ende 1991 geschriebenen Brodkey-Porträt berichtet Laederach, Brodkey schätze den Joyceschen Roman *A Portrait of the Artist as a Young Man*, aber nicht die späteren Joyce-Werke und erst recht nicht Beckett:

> Brodkeys Ansichten sind denn auch eine Mischung. Er ist ein glühender Beckett-Gegner. Samuel Beckett wird als „Absolutist“ beschimpft, der eine alternativlose Welt konstruiere, während er, Brodkey, mit dem, was er schreibe, niemals recht haben wolle, sondern nur eine Möglichkeit der Welt hinstelle, sich anderer Mög-

---

68 Ebd., S. 192.
69 Beckett, „Dante ... Bruno . Vico .. Joyce“, a.a.O., S. 27.

> lichkeiten immer bewußt sei, höflich auch an andere Weltauffassungen zumindest denke. Beckett lasse nicht von seinem moralischen Anspruch, verspüre geradezu eine Wut bei der Verkündung von Freude.[70]

Es wäre allerdings ein Fehlschluß, dies nun für Laederachs eigene Meinung zu halten – er hält an seiner Bewunderung für Beckett fest, wie andere Beiträge der Sammlung zeigen. Laederach preist nicht nur Becketts Techniken der Selbsteinschränkung in der Dramatik[71] und zitiert nicht nur den Wahlspruch vom Ende des Romans *Watt*, „No symbols where none intended"[72], sondern befindet auch – anläßlich eines postbeckettsch daherkommenden Romans von Kobo Abe –, Beckett sei „soviel besser" als seine jüngeren Erben[73].

Noch wichtiger ist eine andere Rezension, geschrieben erst nach Publikation von *Eccentric* und erschienen im Oktober 1995 in *Theater heute* – die Rezension von Becketts erstem (erst postum publizierten) Theaterstück *Eleutheria;* dies ist der einzige Text Laederachs, der sich ausschließlich mit Beckett befaßt. Laederach gibt detailliert die Handlung des Stücks wieder, erwähnt explizit – wenn auch nur en passant – ein Reihe anderer Arbeiten Becketts (*Endgame*, *Stirrings Still*, *Waiting for Godot*, *Krapp's Last Tape*) sowie Deirdre Bairs Beckett-Biographie und faßt Becketts Gesamtentwicklung auf aufschlußreiche Weise zusammen:

> Zeitlebens schrieb Beckett nicht nur Texte, er erfand immer auch die Formen, in welche er die Texte goß; diesen Formfindungen haftete etwas Strenges, Diktier-

---

[70] Laederach, *Eccentric*, a.a.O., S. 274.
[71] Vgl. ebd., S. 37 f.
[72] Ebd., S. 248.
[73] Ebd., S. 62.

> tes und nach außen Dikatorisches an. Die bevorzugten Schreibfarben zuerst probeweise und in grosser Menge auf einer Palette angerührt, dann folgerichtig kontrolliert, ausgeschieden, weggeworfen, einen Bruchteil davon zum Schluß verwendet. In dem Maße, wie seine Texte souveräner wurden, wurde sein Baukasten perfekter, aber, dies der Preis: fester eingerichtet, an Teilen knapper, Fortsetzungs-ärmer.[74]

Auf der Basis dieser Auffassung und Einschätzung des Beckettschen Gesamtwerks fragt Laederach in Bezug auf *Eleutheria*: „Gibt es das? Einen form-vergessenen, gleichsam urschreienden Beckett als Master of Chaos? Großartige Steigerung bei Ultimo (das erste Stück gedacht als letztes Stück) oder nur zersetzendes Säurebad eines Alptraums?“[75] Laederach impliziert, genau dies liege mit *Eleutheria* vor: ein nichtbeckettscher Beckett – und Laederach gefällt diese Vorstellung offensichtlich sehr. Er faßt zusammen, was er für die Haupterrungenschaft von Becketts frühem Stück hält: „Becketts Kunst setzt dem bürgerlichen Leben die Segnungen absoluten und schmutzigsten Elends sowie die entflammte Begierde nach ebendiesem Elend entgegen“[76].

Mit diesen Lobesworten endet die Geschichte von Laederachs öffentlichen Kommentaren zu Beckett – was allerdings vor allem daran liegt, daß Laederach im Gefolge seiner Entscheidung, nicht mehr im Suhrkamp-Verlag zu publizieren, und schwerer Gesundheitsprobleme nach 1995 kaum noch etwas veröffentlicht hat, ausgenommen

[74] Jürg Laederach, „Salonkomödie und Säurebad. Über Samuel Becketts nachgelassenes Stück ‚Eleutheria‘“, in *Theater heute* 10 (Oktober 1995), S. 1.

[75] Ebd., S. 5.

[76] Ebd.

Übersetzungen solcher Autoren wie Walter Abish, John Hawkes und Maurice Blanchot.

Wie die Inventarisierung aller Beckett-Spuren in Laederachs Werk zeigt, erreichten Laederachs literarische Reaktionen auf Beckett in den späten 80er Jahren ihren Höhepunkt. Durch einen glücklichen Zufall war dies die Phase, in der eine ausführliche Korrespondenz zwischen Jürg Laederach und mir einsetzte, initiiert durch meine ersten beiden Rezensionen seiner Bücher.[77] Da Beckett in vielen der zwischen uns gewechselten Briefe Thema war, möchte ich zumindest einige der Briefstellen anführen, die Laederachs Einstellung zu Beckett weiter erhellen können. Zu beachten ist dabei, daß Laederachs Kommentare in den meisten Fällen durch Themensetzungen bedingt waren, die von meinen eigenen Briefen vorgegeben waren (ich erwähnte häufig meine eigenen Arbeiten zu Beckett und schickte Laederach die entsprechenden Publikationen), weswegen die Themenschwerpunkte nicht notwendigerweise Laederachs eigenen Interessen entsprungen.

Am 2. Juni 1988 beispielsweise erwähnt Laederach, nachdem ich meine eigene Bewunderung Becketts offenbart hatte, Deirdre Bairs Beckett-Biographie und urteilt: „Fand ich sehr spannend wegen der guten Dokumentation, auch wenn's in der Textanalyse meist unhaltbar war. Wird wohl nie auf Deutsch erscheinen,

---

[77] Friedhelm Rathjen, „Literatur-Recycling. ‚Flugelmeyers Wahn'. Roman von Jürg Laederach", in *Frankfurter Rundschau* 227 (1. Oktober 1986), Literaturbeilage, S. 4; sowie Friedhelm Rathjen, „Dozentur des Chaos-Forschers. Jürg Laederachs Poetik-Vorlesung ‚Der zweite Sinn'", in *Frankfurter Rundschau* 73 (26. März 1988), S. 2; Nachdruck beider Rezensionen als Teile von „Alle Tasten im Schrank. Jürg Laederach" in Friedhelm Rathjen, *Das war's. Strandfunde am Meer des Lesens. Rezensionen zur deutschsprachigen Literatur 1984-2007* (Scheeßel: Edition ReJoyce 2009), S. 65-84, hier S. 65-69.

da's möglicherweise Old Sam nervte." Am 26. Juni ergänzt Laederach, nachdem ich ihm von Becketts Bemerkungen über „Mrs Bair's flights of fancy"[78] berichtet habe: „das Buch ist schwachsinnig, das fand ich bereits heraus. Sam Beckett will eben selber Mythos sein und keine Zweit-Mythologin ranlassen. Dabei fand ich ihren Abschnitt über das Exil im Roussillon glänzend. Eigentlich genügt Becketts SoWarEsNicht nicht." Zu dieser Zeit scheint Laederach mit Vorliebe Autorenbiographien gelesen zu haben; wiederholt empfiehlt er mir Richard Ellmanns Oscar-Wilde-Biographie und erläutert in einem Brief vom 12. September 1988, Wildes literarisches Werk sei zwar nur mittelmäßig, sein Leben hingegen höchst fesselnd:

> Wir wollen doch aber keine Sekunde mit Beckett vergleichen, das ergibt rein nichts, Beckett kann ja schreiben, und Bair fand ich ungeheuer. Ich warte noch immer auf den Regietitan, der uns die paar Seitelchen von „Ohio Impromptu" formvollendet auf die Bühne legt. Aber eben da kneifense alle. Es ist bei Sam sowieso furchtbar, wie viel grösseren Mehrwert die Stücke in der reinen Notation entfalten als aufgeführt. Die Prosa ist dem Theater rücksichtslos überlegen, aber ich sitze da und hoffe trotzdem.

Neben der Bair-Biographie (und natürlich meinen eigenen Publikationen) findet in Laederachs Briefen keinerlei Beckett-Sekundärliteratur Erwähnung. Die Bandbreite der Beckettschen Primärtexte, auf die Laederach Bezug nimmt, ist dagegen recht groß; er erwähnt beispielsweise *Stirrings Still* (19. März 1989, 20. April 1989), *More Pricks than Kicks* (12. Juni 1989), *Cascando* (6. Oktober 1989), *Worstward Ho* (6. November 1989, 24. Juni 1992)

[78] Samuel Beckett, Briefkarte an Friedhelm Rathjen, 19. April 1986.

und *Eleutheria* (12. Juli 1995, 17. Dezember 1995). Insgesamt scheint Laederach mehr am Prosaautor Beckett als am Dramatiker Beckett interessiert zu sein; der einzige Anlaß zu leicht kritischen Worten Laederachs über Beckett ist dessen strikte Ablehnung von Freiheiten bei Inszenierungen seiner Stücke:

> Schade dass Sam es nimmer played again. Becketts Verstummen dürfte zwar das werk-logischste der Literaturgeschichte sein, allein ich könnt ihn ewig reden hören. Sein Regieanweisungs-Fimmel ist etwas museal, das muss man zugeben, und die Stücke werden, einmal davon befreit, ihre enorme fantasiezeugende Kraft entfalten: wohl auch wieder nicht immer zum eignen Vorteil. Aber in dubio pro theatro: man muss die Bühnenfritzen wohl eher machen lassen, als dass man sie in Korsette zwängt.

Nach Erhalt und Lektüre meiner vergleichenden Studie über Beckett und Arno Schmidt unterstreicht Laederach die Unterschiede beider Autoren:

> Der frappanteste Unterschied zwischen Schmidt und Beckett liegt dann in den Zitaten. Du behandelst sie als vergleichbar. Wenn man aber die Auszüge von dem einen konfrontiert sieht mit jenen vom anderen, dann greift man sich an den Schädel und fragt sich, wie weit denn Texte überhaupt auseinanderliegen können. Ich denke ja, dass diese Zugehörigkeit eines Autors zur Moderne – und ein andrer gehört dann auch dazu – Aehnlichkeiten festschreibt, die doch gar nicht bestehen. Also wenn das nun nicht die in der Lit.geschichte verankerten Marken Schmidt und Beckett wären, die, wie man historisch weiss, eindeutig miteinander – auch

> in Ablehnung – verbunden sind, käme wohl niemand auf die Idee, da einen Vergleich anzustellen.[79]

Dies führt Laederach zur Klage über das Dilemma, dem sich zeitgenössische Autoren (er selbst eingeschlossen) ausgesetzt sehen, wenn sie versuchen, im Bewußtsein der Leistungen von Beckett und Joyce zu schreiben:

> Mich macht die Grundästhetik sowieso wahnsinnig: der eine, Schoiss oder wie er heisst, Schoissel also schreibt literarisch perfekt „über alles schlechthin". Der nächste, dieser Bäckert, schreibt literarisch ebenso perfekt „über nichts, vielleicht noch weniger". Welche Positionen bleiben den Nachgeborenen noch übrig? Man muss sich in die Liffi stürzen in Döbling.[80]

Diesen Punkt hat Laederach im September 1989 auch in einer Podiumsdiskussion mit seinem Kollegen Matthias Politycki und mir betont, bei der er beklagt, die Moderne werde von der Öffentlichkeit nur verzerrt wahrgenommen und immer nur anhand einiger weniger kanonischer Namen diskutiert: „Die Moderne [...] ist in ungenügender Weise selbstverständlich geworden; dadurch hat sie sozusagen nur einen Fuß in die Tür reingebracht. [...] Dann läßt sich an jedem Text, der eine sogenannte avantgardistische Auffälligkeit besitzt, ein Ahnvater herleiten, und es ist immer eine dieser fünf Zehen."[81] Als zwei der „Zehen" führt Laederach Joyce und Beckett an.

---

[79] Jürg Laederach, Brief an Friedhelm Rathjen, 26. November 1990. Das Buch, um das es hier geht, ist Friedhelm Rathjen, *Reziproke Radien. Arno Schmidt und Samuel Beckett* (München: edition text + kritik 1990).

[80] Jürg Laederach, Brief an Friedhelm Rathjen, 26. November 1990.

[81] Friedhelm Rathjen, „Politach und Laederycki in Bückeburg. Mit einem Auftritt des gasförmigen Wirbeltiers", in *Der Ernst des Lesens. Beinharte Forschung zu Arno Schmidt & Consorten* (Schee-

Laederach, der selbst auch als Übersetzer tätig ist, äußert sich gelegentlich zur Qualität deutscher Beckett-Übersetzungen. Am 12. Juni 1989 beklagt er Christian Enzensbergers kurz zuvor herausgekommene Eindeutschung von Becketts frühen Erzählungen *More Pricks than Kicks*: „Ich finde die Übers. von ‚Prügel + Flügel' entsätzlich! Kann es fast nicht lesen, Heil Tophoven." Der Name „Tophoven" meint Elmar, aber offenbar nicht Erika Tophoven, wie Laederachs Anmerkungen in einem Brief vom 6. November 1989 nach Prüfung von Erika Tophovens Übersetzung von *Worstward Ho* darlegen:

> Wichtig: die Uebersetzung der Frau Tophofer [sic] ist unselig schlecht. Es ist eine andere Schlechtigkeit als die Ch.Enzensbergersche, of course, aber ich war entsätzt, wiesehr sich der gloriose Bäckerett unter ihren Händen verformt hat, da war der selige Elmar besser, vor allem würdiger. Puckett braucht stilistischen Glanz, sonst ist alles verloren. Ich mich bewerben?

Laederach hat sich nie offiziell als Beckett-Übersetzer ‚beworben', aber eine Beckett-Arbeit übersetzt hat er tatsächlich. In einem Brief vom 12. Juli 1995 läßt er mich wissen: „Ich sattelte zwischendurch kurz den Gaul und übersetzte im Sololauf Becketts frühestes Stück ‚Eleutheria' (postum), leider hatte der Verlag schon mit einem anderen Uebersetzer ausgemacht, sodass die Mühe [...] vergebens war." Diese Laederachsche Übersetzung von *Eleutheria* ist leider bis heute unpubliziert.[82] Zumindest

ßel: Edition ReJoyce 2006), S. 15-26, hier S. 21. Dies ist keine realistische Wiedergabe, sondern eine stark fiktionalisierte Fassung unserer öffentlichen Diskussion; bei allen im Text vorkommenden Aussagen von Jürg Laederach und Matthias Politycki handelt es sich jedoch um wortwörtliche Zitate.

[82] Eine Kopie des Typoskripts befindet sich als Spende von Friedhelm Rathjen an James Knowlson heute im Archiv der Beckett Interna-

einige ihrer Qualitäten mag man immerhin aus einer Frage ableiten, die Laederach in Erwartung von Simon Werles offizieller deutscher Version von *Eleutheria* formuliert:

> Die Frage wird sein, ob er so'n knappes, sehr gut konstruiertes Deutsch wählt, den „edlen Satz", oder eher nen Stil, der sowas wie Geschwätzigkeit transportiert. Ich tat eher das zweite, es ist ja je nachdem, ob du Eleutheria als eine Ausgeburt von Weisheit oder von Palaver siehst, d.h. ob du das Stück pur Auge-auf-Text liest oder immer Grand Sam dahinter ehrst.[83]

Laederachs *Eleutheria*-Rezension „Salonkomödie und Säurebad" wurde bereits geschrieben, bevor Werles deutsche Version vorlag, und geht auf Übersetzungsfragen deswegen nicht ein .

Die Tatsache, daß sich Jürg Laederach – ohne jeglichen Auftrag – die Mühe machte, eine von Becketts umfangreichsten Arbeiten zu übersetzen, offenbart, wieviel Bewunderung hier im Spiel ist. Ein anderes Faktum ist vielleicht noch vielsagender. Anfang 1989 nahm Laederach, nachdem er von ihr eine Fotokopie des Abdrucks von Becketts *Stirrings Still* im *Guardian* zugeschickt bekommen hatte, die Mühe auf sich, den kompletten Text an seinem Computer abzutippen, um einen sauberen Text vorliegen zu haben, den er mir dann mit den Worten zurückschickte, der Text sei „ganz großartig, von den kürzeren einer der besten." Voller Bewunderung fährt er fort: „Die Technik, Sprache, Wörter abzufeilen, bis sie alle gleich klingen, ist ungeheuer. Manchmal scheint es, als gäbs ein ostinato, dabei erzählt er munter vom Erzäh-

---

tional Foundation, University of Reading (Manuskript UoR MS 4801).

[83] Jürg Laederach, Brief an Friedhelm Rathjen, 17. Dezember 1995.

len weiter."[84] Dies ist offenbar das, was Laederach in Becketts Werk am meisten zu schätzen weiß: die Fähigkeit, Virtuosität auf dem Wege der Verarmung zu erreichen. Bei anderer Gelegenheit nämlich nennt Laederach Becketts Prosa „dichter, dichter."[85]

Festzuhalten ist, daß das, was Laederach augenscheinlich an Beckett am meisten bewundert, gerade nicht dem entspricht, was er selbst in seiner eigenen Prosa praktiziert; Laederach bewundert Beckett, aber er äfft ihn nicht nach. Laederach erzielt seine eigene künstlerische Virtuosität niemals über Techniken der Verarmung: sie beruht im Gegenteil stets auf der Dichte einer lexikalisch reichhaltigen und syntaktisch vielschichtigen Textur. In seiner Dankrede zum Erhalt des Italo-Svevo-Preises 2005 formuliert Laederach gedrängt (und ohne sich offen auf Beckett zu beziehen), was der Unterschied zwischen ihm und seinem bewunderten Kollegen ist: „Ich bin kein Reduktionist, außer man, das heißt die formalen Umständen zwingen mich. Ich erzähle auch keine Geschichten, außer man findet dies; von diesem Finden bin ich abhängig."[86] Dies klingt ein wenig nach einer Neuformulierung dessen, was Laederach mir schon am 12. Februar 1990 schrieb, nachdem ich in seinem umfänglichen Roman *Emanuel* die von mir bevorzugte Dichte und Straffheit vermißt hatte: „Dass ein 500-Seiter halt was von Strategie an sich hat, kann ich nicht ändern. Idealiter würde man einen komplett durchgearbeiteten 25-Seiter veröffentlichen. Oder, wie Sam, 7 Seiten, eher still als stirring. Aber dazu muss ich

---

[84] Jürg Laederach, Brief an Friedhelm Rathjen, 19. März 1989.

[85] Jürg Laederach, Brief an Friedhelm Rathjen, 25. Januar 1992.

[86] Jürg Laederach, „Du hast. Du haast. Du Hase. Ansprache eines Gehetzten – über Sumo-Ringer, Wiener Schnitzel und den großen Schriftsteller Italo Svevo", in *Die Zeit* 17 (21. April 2005); zugänglich im Internet unter der Adresse <www.zeit.de/2005/ 17/Svevo-Rede>.

erst 75 sein." Nun, gut zwei Jahrzehnte später, hat es den Anschein, daß Laederach (der zwar noch keine 75 ist, aber doch auf die 70 zugeht) den Beckettschen Versuchen, dem Schweigen so nahe wie möglich zu kommen, auf recht rigide Weite nachgeeifert hat: Laederach hat zwischenzeitlich das Publizieren fast ganz aufgegeben. Zum Glück scheint das Ende dieses Schweigens inzwischen gekommen[87]; immerhin war Laederach in seinen besten Zeiten einer der produktivsten Autoren, die sich dem überwältigenden Einfluß sowohl von Joyce als auch von Beckett stellten und dennoch jedes Epigonentum zu vermeiden wußten. Auch wenn Laederach mehr in der Joyce- als in der Beckett-Tradition schreibt, hat er doch immer gewußt, daß Beckett als einer der kreativsten Autoren des 20. Jahrhunderts auf gleicher Höhe mit Joyce und doch dessen Gegenpol war – und daß alle anderen ihren Platz irgendwo zwischen den beiden zu suchen haben.

[87] Vgl. Jürg Laederach, *Depeschen nach Mailland*, hg. u. mit einem Nachwort versehen v. Michel Mettler (Frankfurt a.M.: Suhrkamp 2009); Jürg Laederach, *Harmfuls Hölle in dreizehn Episoden*, Erzählungen (Berlin: Suhrkamp 2011). In den *Depeschen nach Mailland* heißt es einmal (a.a.O., S. 86) von einem gelähmten Schriftsteller: „Er lebte beckettscher als die Beckettfiguren, but he didn't have the damn Bop technique Old Sam had."

Nachweise

Vorfassungen von Teilen dieses Buches erschienen an folgenden Druckorten:

„Man muß Worte sagen, solange es welche gibt“ in der *Frankfurter Rundschau* vom 12. April 1986; die Eingangs- und die Schlußpassage wurden ergänzt für einen Vortrag, der auf Einladung von Fritz Senn am 1. März 1990 in der Zürcher James-Joyce-Stiftung gehalten wurde.

„Wege zu Beckett“ in Friedhelm Rathjen, *Doublin' Dublin. Vorträge und anderes zu James Joyce und Samuel Beckett* (Südwesthörn: Edition ReJoyce 2012); Eröffnungsvortrag zur Ausstellung der irischen Botschaft *Samuel Beckett: The Life and the Work* in der Bibliothek der Helmut-Schmidt-Universität / Universität der Bundeswehr Hamburg am 1. November 2006.

„Nähe und Distanz“ in Friedhelm Rathjen, *Doublin' Dublin. Vorträge und anderes zu James Joyce und Samuel Beckett* (Südwesthörn: Edition ReJoyce 2012); Vortrag, gehalten am 19. Oktober 2006 auf Einladung der irischen Botschaft im Rahmenprogramm der Ausstellung *Samuel Beckett: The Life and the Work* an der Humboldt-Universität zu Berlin; erweiterte und dem Anlaß angepaßte Fassung eines Vortrags, der ursprünglich in englischer Sprache geschrieben, zuerst auf dem *XIIIth International James Joyce Symposium* (Dublin, Juni 1992) vorgetragen und danach an verschiedenen Orten in unterschiedlichen Versionen gedruckt wurde, zuerst u.d.T. „Maximal Joyce is a State of Beckett: Joyce, Beckett, and Bruno's *Coincidentia Oppositorum*“ in Friedhelm Rathjen (Hg.), *In Principle, Beckett is Joyce* (Edinburgh: Split Pea Press 1994).

„69 Ways To Play Sam Again“ in englischer Sprache u.d.T. „69 Ways To Play Sam Again: Beckettiana in Jürg Laederach's Works and Letters“ in Matthew Feldman / Mark Nixon (Hg.),

Beckett's Literary Legacies (Newcastle: Cambridge Scholars Publishing 2007).

„‚Kopf nur Nebel und Aufruhr'" in der *Neuen Zürcher Zeitung* vom 20. April 2019.

Alle aufgenommenen Beiträge wurden zuvor durchgesehen, aktualisiert und erweitert.